了不起的中国历史人物

孙葭/编著

舒春　刘向伟/绘

写给孩子的
巾帼女杰

新疆青少年出版社

图书在版编目（CIP）数据

写给孩子的巾帼女杰 / 孙葭编著；舒春，刘向伟绘 . -- 乌鲁木齐：新疆青少年出版社，2023.11

（了不起的中国历史人物）

ISBN 978-7-5590-9895-5

Ⅰ.①写… Ⅱ.①孙… ②舒… ③刘… Ⅲ.①女性－历史人物－生平事迹－中国－古代－青少年读物 Ⅳ.①K828.5-49

中国国家版本馆 CIP 数据核字 (2023) 第 194159 号

了不起的中国历史人物

写给孩子的巾帼女杰

孙葭 / 编著　舒春　刘向伟 / 绘

Xiegei Haizi De Jinguonüjie

出版 人：徐 江

策　划：许国萍　张红宇　　责任编辑：张红宇　刘悦铭　　助理编辑：胡伟伟

装帧设计：舒 春　　　　　　美术编辑：邓志平

法律顾问：王冠华 18699089007

出版发行：新疆青少年出版社有限公司

地　　址：乌鲁木齐市北京北路 29 号（邮编：830012）

网　　址：http://www.qingshao.net

经　　销：全国新华书店

印　　制：天津博海升印刷有限公司

开　　本：710mm×1000mm 1/16

印　　张：10.5

版　　次：2023 年 11 月第 1 版

印　　次：2023 年 11 月第 1 次印刷

印　　数：1-5 000 册

字　　数：88 千字

书　　号：ISBN 978-7-5590-9895-5

定　　价：38.00 元

序

目 录

序

（马勇，中国社会科学院近代史研究所研究员）

早些天，张弘先生发来这套书稿，嘱我为之撰写序言。

这套"了不起的中国历史人物"丛书是新疆青少年出版社承担的"十四五国家重点出版物"出版项目。据出版者介绍，全套书共八册，以故事的方式介绍了在中华民族历史长河中曾作出杰出贡献的几十位历史人物，他们涉及文史哲、政经法，以及科学、艺术等诸多领域，读者对象为广大的少年儿童。翻阅书稿，自己竟然沉浸其中。流畅的文字、严谨的结构、清晰的叙事及可信的史料，构成了这套书的基本面貌和上乘品质，多幅生动的插画进一步提升了阅读感受，相信会受到少儿读者的欢迎。

如何向少年儿童讲述中国历史，一直是摆在历史学家面前的难题。过去几十年，学术界做过不少探索，成绩固然可喜，但其中的不足与教训也值得反思：

一是写作者低估阅读者的知识水平和鉴赏力，具体体现为作品立意与格调不高、文字表述不够严谨、过于口语化和网络语言化、内容缺乏史料支撑且野史当道。这种看似迎合读者的做法，其实是对读者的不尊与伤害。多年来，我不懈地建议那些立志向青少年普及中国历史知识的作者们，一定要用平等的视角尊重对待青少年读者，一定要相信新一代读者的知识储备与阅读能力，一定要在作品上下足功夫，因为我很清楚，少儿知识读物的创作，其难度大于成人读物，优秀的儿童知识读物作家，一定是能够把专业知识吃透，并能够用通俗易懂的方式进行讲解的学术大家，例如吴晗、林汉达等。所以，少儿知识读物的创作者需始终保持敬畏的心态，去了解你的读者、尊重你的读者，全心全意为他们服务，只有这样，你的作品才能赢得小读者的青睐。

二是讲述与呈现的方式方法有待提高。中国历史知识的大众化、普遍化，并不是我们这几十年才有的课题，甚至可以说是中国历史学的永恒主题。司马迁的《史记》就不必说了。宋元以来，伴随经济和城市的发展，大众化的历史读物深刻影响了中国人的历史观，这些读本流传至今，依然经久不衰。例如三国故事、隋唐故事，以及不胜枚举的话本、唱词和历史小说。这些作品潜移默化地让读者在不经意中记住了历史，记住了典故，丰富了历史知识，建构了自己的历史观，这些经验都值得新一代历史书写者去揣摩、消化、发展与创新。

"了不起的中国历史人物"的写作者正是汲取了以往此类图书创作的经验和教训，并基于自己的学识背景，结合对中国历史人物最新的史料研究成果，采用了较易贴合少儿读者接受能力和阅读兴趣的形式，把中国历史上的这些了不起的人物用深入浅出的方式一一道来。我以为这种方式和方法是正确的，值得深入研究并予以推广。

　　此外，我颇为赞同的是这套书的系列名——"了不起的中国历史人物"，它直白地宣示了我们对中国历史的尊重。尊重先人的贡献，就是尊重我们自己的历史。中国历史学强调为尊者讳，就是告诉后人，要充满温情与敬意去看待自己祖先的功绩。只有记住了那些"了不起"，才会增进我们的民族自豪感，激活内心的创造动能。历史是一个接力过程，也是一代又一代人接续奋斗的历程。重温中国历史上那些"了不起"的人物，必会增添后人追慕祖先、继续奋斗的勇气与力量。

　　与亲爱的读者共勉，是为序。

历史是一门常说常新的学问，历史研究是主观性极强的一门学问，除了史料，研究者的经验、阅历、知识、视野，都在制约或影响历史的复原。

淳于缇萦

姓名 / 淳于缇萦

朝代（时期）/ 西汉

出生地 / 临淄（今山东淄博）

出生时间 / 约公元前 174 年

逝世时间 / 不详

主要成就 / 十四五岁时大胆上书汉文帝，为父亲申冤，感动了皇帝，不但救了父亲，还使皇帝下令废除了肉刑

淳 于缇萦的父亲淳于意是有名的医学家，因为得罪了达官显贵，遭人陷害，被关进了监狱。为了解救父亲，使父亲免受肉刑之苦，缇萦小小年纪就随父前往长安，向皇帝上书求情，阐明了事情的真相，不仅使父亲被无罪释放，还促使汉文帝废除了残酷的肉刑。

 生于西汉，父亲是著名医学家淳于意。

 父亲遭人诬陷，沦为阶下囚。

 随父上长安，上书汉文帝，舍身救父。

 孝心感动汉文帝，父亲被无罪释放。

 使汉文帝意识到肉刑的残酷，下令废除肉刑。

父亲遭人陷害

　　淳于意是西汉初期著名的医学家，因他曾在齐都临淄担任过管理粮仓的太仓令，所以又被称为"太仓公"或"仓公"。淳于意自幼喜爱医学，先后拜公孙光、公乘阳庆为师，学习医术。他虚心好学，刻苦钻研，跟随公乘阳庆学习三年后，便能给病人治病，并且下药精准，药到病除。淳于意切脉更是到了神乎其技的程度，因此前来找他看病的人很多。

　　淳于意医术高超，当时身为一方诸侯的赵王、吴王、济南王都想召请他为侍医，也就是王廷医生。淳于意不愿去当权贵的门客，他认为自己的医术是为天下苍生服务的，而不是只为少数权贵服务，便拒绝了，因此得罪了不少权贵。

有一次，淳于意外出行医，多日后回到家，等待他的却是牢狱之灾和肉刑的惩罚。

原来，就在淳于意外出的这几天，一位达官贵人得了重病，他的家人几次来请淳于意都没有见到人。那家人极其愤怒，不由分说，竟然把病人抬到了淳于意家中。结果，由于病情加重，这个病人很快就死了。这家人气急败坏地向官府告状，说淳于意借医欺人、轻视生命。

县官不敢轻视，立即上堂审案，最终认定淳于意有罪，应处以肉刑。肉刑是一种极其残酷的刑罚，有在脸上刺字、割掉鼻子、砍去手脚等几种。被处以肉刑的犯人基本都成了残疾人。按照律令，凡做过官的人受肉刑必须押送到京城去执行。

随父上长安

淳于意知道自己命悬一线、难逃一劫，禁不住流下眼泪。回想自己一生救人无数，最后却落得这样的下场。最让他担忧的还有家中的五个女儿，特别是自己最疼爱的小

女儿缇萦。

　　淳于意即将被押赴京城的那一天，他的五个女儿全都来为父亲送行。她们看到父亲面容憔悴，浑身是伤，手脚还戴着刑具，忍不住伤心地哭了起来。

　　听到女儿们呜呜的哭泣声，淳于意更加难过。他长叹一声，说道："我这一生真是命苦啊！本来想平安度日，安度余生，现在却遭到这样的横祸。可惜自己没有儿子，今天我将要被押送到长安接受极刑，女儿们除了哭什么也做不了。要是有个儿子还能陪我一起上路，受了酷刑也能服侍我。"

四个姐姐听了父亲的哀叹，哭得更厉害了，只有最小的缇萦停止哭泣。她想："我不能让父亲觉得女儿们没有用，我也可以像男孩子一样照顾父亲。"

于是，缇萦跪在地上，坚定地对父亲说："父亲，我要跟您一起去长安，在路上我会好好服侍您，以尽孝道。"

淳于意十分感动，但是他摇头说："你一个小女孩怎么能照顾我呢？这里到长安的路可有几千里呀！"

缇萦并没有退缩。她决心已定，就算替父亲服刑也要去。父亲再三阻拦都没有用，只得答应她。

缇萦陪着父亲一路跋山涉水，风餐露宿，最后终于平安地到达都城长安。

舍身救父

一到长安，缇萦就四处打听能够解救父亲的办法。苍天不负有心人！很快，缇萦就听说，当朝的皇帝汉文帝清正廉明，体恤天下百姓。他曾经下令，百姓遇到困难可以直接给皇帝上书。于是，缇萦决定上书给汉文帝，请求皇上赦免自己的父亲。

经过一番波折，汉文帝终于看到了缇萦的上书，只见上面写道：

　　"我叫淳于缇萦，是淳于意的小女儿。我父亲曾担任过齐都临淄的太仓令，他为官廉洁，还经常替百姓们看病。如今，他因为得罪达官贵人而被判处肉刑。肉刑实在是太残酷了，犯人被砍掉手脚、割去鼻子，就成了终身残疾。犯人们即使想改过自新，为人们做点好事，也不可能实现了。我恳请皇上放过我的父亲，让他继续看病救人，而我愿意替父亲接受惩罚。"

　　看了缇萦的信，汉文帝非常感动。他觉得一个小女孩竟然能有如此的孝心和勇气，实在太了不起了。于是，他派人召见淳于意和缇萦，详细地审问了整个事件，最终认定淳于意是受人陷害，应该无罪释放。

不久后，汉文帝便下令释放了淳于意。而且，汉文帝也意识到肉刑的残酷，决定废除由来已久的肉刑。随后，汉文帝下了一道诏书：仁孝的君臣就像百姓的父母一样，百姓们犯了法，应该努力教化使他们改正。可如今的律法不分缘由，直接按照肉刑处置，这使得犯人们失去改过自新的机会。这种昏庸的做法让我非常惭愧。肉刑包括把犯人的四肢切掉、在脸上刺字等，这是多么痛苦而不人道的刑罚啊！这哪里像百姓的父母？我下令废除肉刑，以其他的刑罚来代替它。

后来，朝中的大臣们商议出一个代替肉刑的办法：废除在脸上刺字的刑罚，改为做苦工；废除割去鼻子的刑罚，改为打三百大板；废除砍去四肢的刑罚，改为打五百大板。

汉文帝听了大臣们的改革意见，马上批准了，并颁布诏书正式废除了肉刑。

后世影响

缇萦以至孝之心，上书救父，成了后世践行孝道的典

型。她还使得肉刑被废除，客观上促进了律法的改革和进

步，万古流名。

东汉史学家班固曾写诗称赞缇萦：

三王德弥薄，惟后用肉刑。

太仓令有罪，就递长安城。

自恨身无子，困急独茕（qióng）茕。

小女痛父言，死者不可生。

上书诣阙下，思古歌鸡鸣。

忧心摧折裂，晨风扬激声。

圣汉孝文帝，恻然感至情。

百男何愦（kuì）愦，不如一缇萦。

/知识链接

肉　刑

广义上讲，除死刑外，所有直接施加于罪犯肉体，包括侵刻肌肤、残害人体等的刑罚都称为肉刑。

狭义上讲，肉刑指的是黥、劓 (yì)、刖 (yuè)、宫、大辟五种刑罚。

黥，又称墨刑，即用刀在罪犯脸上刻字，再将墨涂在刀伤创口上，使其永不褪色。墨刑在西周时期就已经成了一种普遍使用的刑罚，汉文帝时虽被废除，但在五代时又被启用，并改称为刺字，与流刑结合使用，称为刺配。墨刑是中国封建社会中使用时间最长的一种肉刑，直至清末修订《大清律例》时才被彻底废除，前后沿用时间长达数千年。

劓，即割掉鼻子。劓刑起源较早，周朝时期便已经广泛使用。汉文帝时，劓刑被废除，但后世仍偶尔使用，比如元代对部分偷盗犯及再犯者处以劓刑等。

刖，即把脚砍掉。春秋战国时期，刖刑被普遍使用，齐国还曾因为受刖刑者众多，出现了"屦贱踊贵"的现象，"踊"就是刖足者穿的鞋，也有人认为"踊"就是义足。刖刑在唐代以后彻底废除。

宫，即男子割势，妇人幽闭。宫刑始于夏代，最初用以惩罚淫罪，后来也适用于谋反、谋逆等罪，于隋朝初期正式废除。

大辟，即死刑。死刑的执行方式各代不尽相同，隋代之前，通称为大辟，隋唐之后，通称为死刑。

冯嫽

姓名／冯嫽

朝代（时期）／西汉

出生地／不详

出生时间／不详

逝世时间／不详

主要成就／加强了汉朝同西域之间的友好关系，深得西域人民的敬服，被尊称为"冯夫人"

冯嫽是我国历史上第一位杰出的女外交家，她生性聪慧，有胆有识，曾随解忧公主远嫁乌孙和亲，又以使节的身份访问西域诸地，宣扬汉朝教化。她一生三次出使乌孙，在加强汉朝同西域之间的友好关系上，作出了很大贡献。

 生于西汉，解忧公主的侍女。

 随解忧公主远嫁乌孙和亲，
成为"西域通"。

 访问西域各地，宣扬汉朝威德，
被尊为"冯夫人"。

 临危受命，游说乌就屠，
平息汉乌间的战火。

 年近古稀，持节出使，
稳定乌孙局势，维护西域和平。

远嫁和亲

汉武帝时期，汉朝的国力日渐强盛。面对常年南下侵扰的匈奴，汉武帝决定给予大规模的军事反击。同时，为了结成抗击匈奴的联盟，汉武帝同意了乌孙王提出的与汉朝联姻的请求。

公元前105年，汉武帝将侄子江都王刘建的女儿刘细君嫁给了乌孙昆弥（汉时乌孙王的名号）猎骄靡。作为汉朝与乌孙的第一个友好使者，细君公主使乌孙与汉朝建立了巩固的联盟，遏制了匈奴的袭扰。

公元前101年的一天，正在金殿上处理国事的汉武帝突然接到乌孙使臣送来的一封信。信中说，远嫁乌孙的细君公主不幸离世，乌孙王请求再迎娶一位汉室公主。

听到这个消息，汉武帝一时间不知道该怎么办。他忍不住苦苦思索着：乌孙位于北方巴尔喀什湖东南、伊犁河流域。那里物产丰富，草场肥沃，人民靠游牧为生。如今，乌孙是西域诸城郭中实力最强大的，也是唯一能与匈奴抗衡的。我们汉朝想要实现"断匈奴右臂"的军事战略计划，必须联合乌孙这位盟友。现在乌孙王提出再迎娶一位公主，这个要求我们必须答应，可是这次又该派哪位公主远嫁和亲呢？

汉武帝接着想：上一次派去的细君公主性格柔弱忧郁，想必她在遥远的乌孙生活并不习惯，整天愁眉苦脸，思念家乡，结果年纪轻轻的就郁郁而终。这次，一定要派一位性格活泼、开朗的公主去完成和亲使命。突然，汉武帝想到楚王刘戊的孙女刘解忧。这位解忧公主人如其名，外向开朗，经常笑哈哈的，这次就派她去乌孙和亲吧！

汉武帝立刻派人找来刘解忧，然后对她说："解忧公主，我把你召进宫是有一件大事。我想派你远嫁乌孙和亲，这次和亲对我们大汉朝可是至关重要的。希望你不辱使命，能以乌孙为家，与乌孙人民及其周边诸国友好相处，传播我们汉朝的风俗教化。要知道，你一个人的和亲作用，甚至能抵过千军万马。"

解忧公主听完非常高兴，回答说："谢谢皇上对解忧的信任。为了皇上，为了家族，为了我们汉朝江山的千秋万代，我一定不辱使命，谨记皇上的嘱托，请皇上放心。不过，我有一个小小的要求，希望您能答应我。"

"什么要求？"汉武帝问道。

"我的侍女冯嫽与我一同长大，我们就像亲生姐妹，请您准许我远嫁乌孙时带着她。她虽然是侍女，但非常聪慧能干，而且熟知史书和政事。今后若在乌孙遇到什么难题，我还要向她请教。而且有她陪着，我也不会因为思乡过度而闷闷不乐了。"

"哈哈哈！你能如此看重一位侍女，想必她一定有过人之处。现在就把冯嫽召进宫来，我倒要看看她是不是真的如你所说的那般能干。假如真像你说的那样，我自然会派她同你一起去乌孙，为你出谋划策。"

不一会儿，冯嫽就被召了进来。汉武帝看冯嫽不仅相貌出众，而且口齿伶俐、能言善辩，随即答应了解忧公主的请求。

不久，乌孙王的迎亲队伍来到汉朝都城长安，汉武帝又派出一支送亲队伍，护送解忧公主远嫁和亲。就这样，解忧公主和冯嫽坐着锦车，离开故土。他们一路长途跋涉，最终到达乌孙。

出使列国

　　冯嫽随解忧公主来到乌孙后，经常找机会了解当地人民的生活、生产情况。她常骑马去各大牧场巡查，与当地的牧民交谈。很快，她就掌握了西域地区的语言和风俗文化，并对西域各国的政治、经济、外交、军事等情况有了深入、全面的了解。《汉书》中曾这样描述冯嫽："内习汉事，外习西域诸国事。"

　　看到冯嫽在这么短的时间内就成了一个"西域通"，言行举止就像一个地地道道的西域人，解忧公主非常高兴。她想起出嫁时汉武帝托付给自己的使命，于是对冯嫽说："在我远嫁和亲之前，皇上嘱托我要把乌孙当成自己的家，努力团结好西域各民族的人民。只可惜，我不如你聪明，不能像你那么快就熟知了西域诸国的事。现在，我有一事相求，你能不能代我去西域各国进行访问，结交各国君臣，宣扬我们汉朝的风化和威德呢？"

　　"公主说我聪明，我实在是不敢当。"冯嫽笑着说道，"不过，既然公主对我如此信任，把友好互通的大任交付于我，我一定会竭尽全力为汉朝效命，丝毫不敢推脱。"

　　"太好啦！"解忧公主满意地说道，同时把汉武帝之前赐给自己的汉节交到了冯嫽手上，"如今，你就是我们汉朝

的第一位女使节，请谨记皇上的嘱托，代我去出使西域各

国吧！"

"遵命！"

于是，冯嫽手持汉节，乘快马飞奔而去。她一路上翻

山越岭，风餐露宿，不畏艰险，长途跋涉，终于完成出使

西域各国的重任。冯嫽聪明伶俐、学识广博、思维敏捷、能言善辩。她以自己的学识气度在西域各国赢得了广泛的尊重，就连普通的老百姓都知道汉朝有一位擅长外交辞令的女使节，人们尊称她为"冯夫人"。

后来，乌孙的右大将对聪慧的冯嫽表现出爱意，想要娶冯嫽为妻。冯嫽对这位英勇善战、忠厚善良的大将军也很钦佩。解忧公主自然看得出这两个人的心思，于是从中做媒，将冯嫽许配给右大将。冯嫽从汉乌友好的大局出发，欣然同意。从此以后，汉朝与乌孙友情与日俱增。

临危受命

冯嫽随解忧公主远嫁和亲后不久，乌孙因王位之争接连发生内乱。解忧公主嫁给的那位昆弥名叫军须靡，他在娶了解忧公主后不久就得了重病，后来不治身亡。那时，解忧公主并没有子嗣，而军须靡与另一位妻子所生的孩子泥靡年纪还小，不能治理国家。因此，军须靡临死前立下遗嘱，让自己的堂弟翁归靡继承王位，等到泥靡长大后，再让堂弟将王位归还给他。就这样，王位暂时传给翁归靡。按照乌孙的习俗，解忧公主要改嫁翁归靡。

解忧公主与翁归靡年龄相当，夫妻二人情投意合。后来，解忧公主先后生了三个儿子：元贵靡、万年、大乐，以及两个女儿：弟史和素光，成了名副其实的乌孙国母。此后数十年，翁归靡对待解忧公主关怀备至，夫妻十分和睦，乌孙与汉朝之间的书信、人员往来不断，相亲相近，同进同退，与匈奴则日益疏远。

不过，有件事情一直困扰着解忧公主和翁归靡，那就是王位的继承问题。翁归靡一天天老去，身体状况大不如以前，恐怕不久就要离开人世。而此时泥靡已经长大成人，体魄强健。按照先王的遗嘱，泥靡长大后，翁归靡就要把王位归还给他。可是，泥靡生性残暴，整日以未来的昆弥自居，欺压百姓，为非作歹。

翁归靡和解忧公主商量一番之后，决定借助汉朝的力量，协助他们的大儿子元贵靡登上王位。可惜，争取王位的大计还没有完成，翁归靡就去世了。最终，乌孙的王位落到了泥靡手里。

不出所料，泥靡继位后施行暴政，很快就把乌孙搞得混乱不堪，百姓们怨声载道，都叫他"狂王"。公元前53年，解忧公主和汉朝使臣准备设计在一次宴会上除掉狂王，可是不小心出了差错，狂王侥幸逃脱。这时，乌就屠（翁归靡与另一位匈奴妻子所生）在匈奴的支持下，趁机杀死泥靡，然后逃进北山，自立为昆弥，谋划着联合匈奴人出兵夺取王位。

眼看王位之争愈演愈烈，乌孙与匈奴的关系也发生了变化，解忧公主十分担忧。她派人把乌孙的情况告诉汉朝的西域都护郑吉，并让他把这些情况立即报告给朝廷。此时的皇帝是汉宣帝刘询，他收到消息后，立刻派大将军辛武贤率领一万五千名精兵出征西域，配合郑吉夹击乌就屠。郑吉知道，出兵围剿并不是好办法，这样会破坏汉朝与乌孙几十年间建立起来的友好同盟关系。于是他决定派使者去游说乌就屠，让他不战而降。可是在这危难之际，谁能担起如此重大的任务呢？这时，郑吉和解忧公主都想到了冯嫽。

于是，他们立即召见冯嫽，向她说明情况，并询问她的意见。冯嫽听后马上答应下来，一点都没有畏惧。郑吉再三提醒："如今两军对峙，你到对方的营地里去游说劝降，随时都会有生命危险。你若是不想担此大任，我们可以重新商议，再找其他人充当使者。"

"不必了，这件事就这么定了！"冯嫽语气坚决地说道，"我知道这是一件极其危险的任务，大人也想让我三思而后行，但是为了大汉的安宁，也为了乌孙的稳定，我一定会义不容辞地担此重任。"

"你有这样的胆识真令人钦佩。放心，我一定多派人保

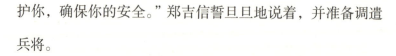

护你，确保你的安全。"郑吉信誓旦旦地说着，并准备调遣兵将。

冯嫽连忙阻止，说道："大人不必派那么多士兵。只需一两名士兵，并且让他们都放下武器，随我一同前往即可。"

就这样，冯嫽带着仅有的两名随从，骑着快马，来到乌就屠驻扎的深山营地。

游说乌就屠

刚进入乌就屠的营地，冯嫽等人就被乌就屠和他率领的一队精兵拦截住。此时，乌就屠全副武装，手底下的士兵也个个拿着武器，杀气逼人。而冯嫽他们轻车简从，毫无开战之意。当乌就屠看到是冯嫽从车上下来时，感到非常惊讶，同时也放松下来。

原来，乌就屠与冯嫽的丈夫右大将是好友。平日里他对冯嫽十分敬重。此刻，看到冯嫽毫无戒备地来到自己的营地，乌就屠知道她一定有事情要说，于是赶紧下马迎上前去问："夫人今天如此轻车简从地来到我的营地，想必一定是有什么事情吧？"

冯嫽气定神闲地对乌就屠说："今天我来到这里，是想

要帮助你解除忧虑。"

"帮助我？真是太好了！"乌就屠非常高兴。他问冯嫽想怎么助自己一臂之力。

冯嫽答道："对朋友最好的帮助就是诚恳的忠告。今天，我来到你的营地，就是想劝说你放下武器，让位于元贵靡，归顺汉朝。即使将军你夺取了王位，这看似是件喜事，却暗藏着危机。现在，汉朝的军队已经抵达敦煌，真要是开战，将军凭这点军力，岂不是以羊群对抗猛虎吗？"

乌就屠听完冯嫽的论述，心里非常惶恐。他沉默了好长时间。

冯嫽继续晓之以理，说道："汉乌人民原本亲如一家，若两方开战，受苦遭殃的还是普通百姓，将军的声名也将受到损坏，请您三思而后行啊！"

乌就屠自知不是汉朝大军的对手，眼下又看到冯嫽如此诚恳地来劝降，最终让步说："我愿意听从夫人劝告，让位于元贵靡，但是请求汉朝皇帝能赐给我一个封号。"

冯嫽十分爽快地答应下来，并对他悉心地劝慰一番。

一场即将燃起的战火，因为冯嫽的机智斡旋平息了。冯嫽成功劝降乌就屠的消息很快传到汉宣帝那里。他对冯嫽的外交才能赞叹不已，并下诏书征召冯嫽万里入朝。在阔别故土四十年后，冯嫽终于回到故都长安。汉宣帝率文武众臣亲自到城郊迎接，百姓们纷纷挤在路边，争先恐后一睹这位女使者的风采。

后来，冯嫽入朝向汉宣帝详细陈述了事情的始末。冯嫽在汉宣帝面前侃侃而谈，上至西域诸国的山川地理和风俗人情，下至乌孙各派的渊源和利害关系，无一不精，条理清晰，口若悬河，语语中的。汉宣帝对冯嫽大为赞赏，随后史无前例地任命她为正式的汉朝使节，乘坐锦车，手持汉朝节杖，代表皇帝再次出使乌孙及西域诸国。任命女使者持节杖出访，不仅在当时是绝无仅有，在数千年重男轻女的封建社会中也是难得一见的。

冯嫽再次回到乌孙国时，这里已经恢复了平静。按照汉宣帝的旨意，解忧公主的长子元贵靡被奉为大昆弥，乌就屠被封为小昆弥，两人各占据一定数量的人口和牧场。从此，这两位乌孙王之间再没有掀起纷争，乌孙的人民也免除了战争之苦。中原与乌孙人民对冯嫽都更加敬重了。

三进乌孙

公元前51年冬，解忧公主的大儿子元贵靡因病去世，他的儿子，即解忧公主的孙子星靡继承王位。此时，解忧公主已是年近古稀的老人。她思乡心切，于是向汉宣帝上书说："年老土思，愿得归骸骨，葬汉地。"汉宣帝考虑到她大半生身居异域，为国操劳，有功于汉室，于是派人把她和冯嫽一起接回长安，并以公主之礼照顾解忧的饮食起居，对冯嫽也以厚禄优礼相待。两年之后，解忧病逝，汉朝廷以公主的礼仪将她安葬。

冯嫽回到长安后，心里一直担忧着乌孙的政治局势。星靡虽坐上了昆弥的王座，但因生性怯懦始终不能服众，乌孙境内各股势力又蠢蠢欲动起来。不久，汉宣帝就收到星靡发来的告急文书。此时冯嫽已年近古稀，住在长安养老。当她听说乌孙告急的消息后，为了巩固汉乌同盟的稳定发展，不顾自己的高龄，毅然上书汉宣帝，请求再次持节出使乌孙。

　　汉宣帝立刻召见冯嫽，对她说道："您如今已经快七十岁了，大半生都在西域生活，现在好不容易回到故土安度晚年，应该过过清静安逸的日子，何必还一定要再次出使乌孙呢？"

　　冯嫽向汉宣帝行了一个君臣大礼，然后坚决地说道："过去几十年，解忧公主和臣妇一直把建立和维护汉乌人民的友好关系当成己任。后来上了年纪，乌孙的局势也比较安稳，我和解忧公主才作出决定，重返故土，安度晚年。如今，清闲的日子还没过多久，乌孙的政局就再度出现危机，我怎能亲眼看着解忧公主和我曾经共同建立的事业毁于一旦呢？臣妇虽然老了，但对乌孙的情况最为了解，还请圣上答应我的请求，准许我再次出使乌孙，化解危机，维护汉乌人民友好和平的事业。"

　　汉宣帝见冯嫽心意已决，于是同意她再次出使乌孙。

就这样，冯嫽带领着一百多名骑兵，踏上第三次出使乌孙的征途。

这次抵达乌孙后，冯嫽凭借出色的外交才能，很快将各方矛盾化解，乌孙的局势逐步稳定下来。冯嫽还向汉宣帝谏言，奖励那些积极辅佐大昆弥的乌孙官员，并封赏他们汉朝的官衣印绶。这样一来，乌孙官员同时享受汉朝与乌孙的嘉奖，一心一意为汉乌的繁荣昌盛作出贡献。乌孙日渐强盛，就连那些曾经因支持匈奴而逃亡在外的人也纷纷回来安居乐业。

在此期间，冯嫽还利用机会出使周边各国，宣扬汉朝的政治主张和文化习俗，为大汉守护西域的和平与稳定。最后，冯嫽因为年事已高，操劳过度，不幸在乌孙去世。

主要成就及影响

冯嫽自幼聪慧，精明能干，有胆有识，她以非凡的政治才干和外交远见，为汉朝统治管理西域及维护西域各国和平作出了突出贡献，因此在西域各国享有很高的声誉。

作为中国历史上第一位女性外交家，她多次以正式使节的身份代表汉朝皇帝出使乌孙及西域各国。在乌孙五十年，她一直致力于到异邦从事外交活动，化解危机，加强

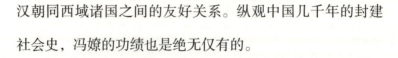

汉朝同西域诸国之间的友好关系。纵观中国几千年的封建社会史，冯嫽的功绩也是绝无仅有的。

冯嫽不顾个人安危，时刻以国家利益为己任，为维护民族间的友好关系奉献一生，是我国古代妇女杰出的代表。

/诗歌链接

送和蕃公主

唐 · 张籍

塞上如今无战尘，汉家公主出和亲。

邑司犹属宗卿寺，册号还同虏帐人。

九姓旗幡先引路，一生衣服尽随身。

毡城南望无回日，空见沙蓬水柳春。

班昭

姓名 / 班昭

朝代（时期）/ 东汉

出生地 / 扶风安陵（今陕西咸阳）

出生时间 / 约公元 49 年

逝世时间 / 约公元 120 年

主要成就 / 我国第一位女历史学家，继承父兄遗业，续写完成史学名著《汉书》

班昭出生于儒学世家，自幼知书达理、学识广博。她恪守妇道，忠守气节，赢得众人赏识。后来，班昭领圣旨入东观藏书阁续写《汉书》。汉和帝多次召班昭入宫为众臣讲学，并让皇后和贵人们视她为老师，号"大家（gū）"，大家尊称她为"曹大家"。

生于东汉儒学世家，
自幼知书达理，学识广博。

奉旨入住东观藏书阁，
专心续写《汉书》。

代兄上书汉和帝，
使得兄长如愿还乡。

奉旨为百官讲授《汉书》，
被尊为"曹大家"。

建言献策，
协助邓太后治理国事。

力鼎班昭著《汉书》

班昭六岁那年，父亲班彪不幸辞世。远在京城洛阳读书的大哥班固即刻赶回家乡，为父亲安葬后事。按照习俗，班固需要留在家乡为父亲守孝。在这段时间内，班固几乎每天都自己一个人坐在书房看书学习。看到大哥如此勤奋好学，班昭十分敬佩。

过了些日子，班昭来到书房，好奇地问班固："大哥，我每天见你在书房读书写字，却不知道你在看什么、写什么？"

"你这么小的孩子，当然什么也不懂。"班固脱口而出，头也没抬，继续专注看书。

"哼，我已经不是小孩子了，你不要小瞧人！"班昭皱着眉头、噘着小嘴说道，"我知道，你正在看父亲编著的史书。"

班固感到十分惊讶。他没有想到，比自己小十几岁的妹妹竟是个如此聪慧的姑娘。不过转念一想，这并不奇怪，父亲在世的时候一定向她传授了许多知识，在这样的耳濡目染中，妹妹肯定是自幼博学多才。

　　班固后悔自己刚才说出那样的话，于是接着说："是的，妹妹，你说得很对，大哥确实正在看父亲写的史书。我想利用守孝这段时间，完成父亲未竟的事业，编著史书。今晚，大哥正打算把这个决定告诉家人。"

　　到了晚上，班固果然当着全家人的面，说出了自己的心愿："父亲生前饱读诗书，对司马公撰写的《史记》更是有着深入的研究。他认为，《史记》这部史书虽然宏伟博

〔西汉〕淳于缇萦
〔东汉〕蔡文姬
〔南宋〕李清照
〔西汉〕冯嫽
〔西晋〕荀灌娘
〔南宋〕梁红玉
〔东汉〕班昭
〔唐朝〕武则天
〔宋末元初〕黄道婆

大，但其中记载的汉朝历史并不完整。它只写到武帝太初年间，之后的历史并没有记载。后世有人对它作了补充，不过补充的内容比较粗浅，难称得上真正的续篇。于是，父亲兢兢业业，苦读史书，亲自编著了六十五篇《史记后传》。这是父亲的心血之作，但我在仔细阅读这些文章的过程中，发现有些记载的史实内容还略显粗略。因此，我想在父亲的《史记后传》基础上，重新编撰一部《汉书》，以此完成父亲没有完成的事业。"

家人们对此表示赞同。但是还没等大家开口说话，班昭先站出来大声支持说道："太好了，大哥！我敬佩你的志向，这部《汉书》一定能早日完成！"

班昭的话音刚落，大家便大笑起来。

此后的日子里，班固专心著书写作，无形中对班昭产生很大的影响。她跟随哥哥一起专心研读史书，广泛涉猎天文、地理、文学、历史……各个方面的著作。每逢遇到疑惑不解之处，班昭就虚心地向哥哥请教。就这样，班昭很快成长为一名闻名乡里、博学多才的才女。

奉旨续写《汉书》

公元92年，汉和帝怀疑班固支持他人叛乱，将他关进

大狱。不久，班固在狱中抑郁而死。此时，眼看班固呕心沥血编撰的《汉书》即将完成，汉和帝难掩心中的惋惜，对大臣们说："原本只是想免去班固的官职，不承想他竟死在了狱中。唉！看样子，撰写《汉书》的工作只能半途而废了。"

这时，一位大臣上前说："皇上不必忧虑，臣愿意推荐一个人，此人一定可以不负众望，完成续写《汉书》的大任。"

"你快说是谁。"汉和帝急切地问。

"她就是班固的妹妹班昭。她自幼跟随父兄研读史书，涉猎广泛，学识渊博。如今班固离世，班昭可谓是最适合完成续写《汉书》任务的人了。"

汉和帝听完大臣的这番话后，立即颁布圣旨，命令班昭入住皇家藏书馆——东观藏书阁，专心续写《汉书》。

此时的班昭已经四十多岁。早年，她的丈夫曹世叔在他们孩子还很小时就去世了，于是，班昭又当爹又当妈，独自抚养着年幼的子女。但生活的重担没有泯灭班昭对事业的追求，闲暇之余，她仍在潜心研究诗文。当大哥死于狱中的消息传来时，班昭感到非常悲痛和惋惜。此时，汉和帝的圣旨也传达下来。家人纷纷过来相劝："自古以来，著书撰史的人都没有什么好下场。他们在史书中客观、真

实地陈述事实，却难免招来横祸。你一介女流之辈，更是没有必要如此效忠于朝廷。我们建议你随便找个理由推脱过去算了。"

　　班昭深思熟虑后说道："即使自古的史学家都结局悲惨，我也不能丢弃大哥的心愿。大哥在狱中悲愤而死，我非常痛心惋惜。想想大哥一生以著《汉书》为志向，如今却要就此舍弃，这是多么大的遗憾啊！人生在世，难免一死，我一定要在有生之年完成续写《汉书》的大任，实现大哥的心愿，就像当初大哥决定完成父亲的遗愿一样。虽然我的学识远不如大哥，但我一定会刻苦研读史书，不负重任。我决心奉旨续写《汉书》，请大家不要再劝说了。"

不久之后，班昭奉旨搬进东观藏书阁，开始了《汉书》的续写工作。

朝中大家东观讲学

班昭继承了父兄的遗志，在东观藏书阁孜孜不倦地阅读了大量史书，并整理、核校了父兄遗留下来的散乱篇章。除了在原稿的基础上补写了八表，班昭还和同乡的学者马续一起，完成了班固未完成的《天文志》。经过班彪、班固、班昭、马续四人的努力，历时三十四年的《汉书》终于大功告成。

当《汉书》呈现在汉和帝与众位大臣面前时，大家纷纷赞赏不已。这部《汉书》中的篇章虽出自不同人之手，却前后连贯、风格一致，就像是一个人写出的。然而，唯一遗憾的是，这部《汉书》用词讲究、文字深奥、含义深刻，就连皇帝本人也会遇到费解的地方。因此，汉和帝召集群臣，

商议该如何更好地学习这部《汉书》。他对大臣们说："《汉书》的文章用词十分考究，含义十分深刻，而且多为古字古义。我偶尔也会遇到一些难以理解的地方，非常困惑，不知道你们谁更加通晓这部书呢？能否给我讲解一番？"

听到这里，大臣们纷纷左顾右盼，却没有一个人敢站出来应答。最后，马续的哥哥、大学者马融上前说道："皇上，臣子不才。臣虽身为才郎，自幼苦读诗书，对古书略知一二，平时也喜好著书写作，但是这部《汉书》读起来确实不那么简单。文章含义深奥，用词精练，有些字我读不准发音，有些句子我弄不懂含义，因此，臣不敢为皇上讲解。"

"那到底该如何学习此书呢？经过这么多年，《汉书》终于完成了，却没有人能完全通晓其中的内容，这岂不是笑话？"汉和帝略显气愤地说道。

"皇上莫急。古语有云，能者为师。既然我们这些人都无法读懂《汉书》，为何不请本书的编撰者班昭来为大家讲解呢？臣愿意亲自替皇上去东观藏书阁请出班昭，为大家讲解《汉书》，增长学识。"马融回答说。

这时，一些大臣提出强烈的反对意见。他们纷纷嚷着说道："须眉男儿要拜一介女流为师是自古都没有的事情，这岂不是天大的笑话吗？"

巾帼女杰

〔西汉〕淳于缇萦　〔西汉〕冯嫽　〔东汉〕班昭

〔东汉〕蔡文姬　〔西晋〕荀灌娘　〔唐朝〕武则天

〔南宋〕李清照　〔南宋〕梁红玉　〔宋末元初〕黄道婆

"这样一来，我们这些臣子还有何颜面站在朝堂之上，替皇上建言献策，处理国家大事呢？"

"请班昭为师讲学，只怕会助长天下女流之辈的气焰，让她们不知天高地厚！"

汉和帝听完大臣们的议论并不以为然。他厉声喝道："你们这些平庸之辈，既无法彻底通晓《汉书》，又不肯向班昭请教。真是思想腐朽啊！马融说得很对，自古有才能的人都可以称为别人的老师，不分男女老幼。现在我就下

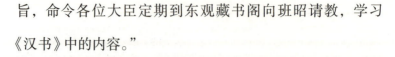

旨，命令各位大臣定期到东观藏书阁向班昭请教，学习《汉书》中的内容。"

第二天，各位大臣听命来到东观藏书阁。此时，班昭正在抄写史料。一时间，她看到各位大臣，非常吃惊，于是迎上前问道："今日各位大人光临藏书阁，不知有何指教？若是本人续写的《汉书》出现纰漏，还望各位多多指教，我一定及时更正。"

"你说错了，今天我们是来拜师求学的。我们奉旨向你学习《汉书》，以便更好地理解此书。请收下我们这些学生吧！"马融代表各位大臣说明来意。

班昭听完这些话，非常感动。眼前的各位大臣功绩显赫，地位比自己高，有的年龄也比自己大，却如此真心诚意地来向自己请教。她十分谦虚地说道："每个人都有自己的优点和长处。作为老师，并非万事通；作为学生，也并非一无所知。今日，奉皇上之命，我就斗胆为各位大人讲授《汉书》。"

从那以后，班昭经常在东观藏书阁向各位大臣讲授《汉书》。她学识渊博，通晓古籍。每逢遇到生僻、晦涩的词句，她都能详细地解释清楚，大臣们对她非常佩服。

后来，汉和帝还多次召班昭入宫，让她为皇后和贵人们讲授天文、算术等知识。每逢遇到外邦使臣前来供奉奇珍异宝的重大场合，汉和帝都会叫班昭作赋赞扬。

在当时，人们会尊称那些品行端正、学识广博的妇女为"大家"。因为班昭的丈夫姓曹，所以大家也会称她为"曹大家"。

代兄上书终回朝

班昭还有一个哥哥叫班超。班超智勇双全，被朝廷委以重任，先后担任过定远侯和西域都护（汉代西域最高军政长官）。班超在西部边陲驰骋三十年之久，为当时西域的安宁作出了突出贡献。我们现代成语中的"投笔从戎"和"不入虎穴焉得虎子"即源自班超，表现出他英勇善战、不畏强敌的英雄气概。然而，英雄到了晚年的时候，难免想落叶归根，班超也不例外。

公元100年，班超派自己的儿子班勇跟随使者回到洛阳，并向皇帝呈上一份奏章："臣不敢望到酒泉郡，但愿生入玉门关。谨遣子勇随安息献物入塞，及臣生在，令勇目见中土。"表达了班超强烈的归乡愿望。

皇帝虽然明白班超这份奏章的意思，但由于没有合适的接替人选，所以没有批准班超的请求。班超只得继续在塞外驻扎了三年之久，期间，他常常在家信中表达自己渴

【西汉】淳于缇萦 【东汉】蔡文姬 【南宋】李清照
【西汉】冯嫽 【西晋】荀灌娘 【南宋】梁红玉
【东汉】班昭 【唐朝】武则天 【宋末元初】黄道婆

望重返家乡的心愿。每逢读到班超的家信，妹妹班昭都深感心痛，心疼自己年迈的哥哥。

她想到，大哥班固不幸在狱中死去，如今二哥班超年纪大了，却不得不客居在他乡。于是班昭下定决心，给皇帝上书：

"我的哥哥班超曾经为朝廷立下微薄的功劳，却受到了朝廷重赏，不但封官加爵，还被任命为定远侯和西域都护，这样的恩泽真是令我们一家人感激不尽。我哥哥上任之初，英姿勃发，立志为国捐躯，建功立业，以回报朝廷的信任。在许多危险的战争中，他总是身先士卒，不畏强敌，

凭借出色的军事作战才能屡屡获胜。然而，时光荏苒，岁月如梭，三十年过去了，当年随我哥哥同去西域征战的随从、士兵已经所剩无几，我哥哥也与家乡的亲友分别多年，甚至阴阳相隔了。如今，我哥哥已经七十岁了，头发花白，耳目不聪，体弱多病，只有扶着拐杖才能行走。尽管他有

心为朝廷效力，但到了这把年纪，他还能有什么作为呢？

"因此，三年前我哥哥曾向您上书，请求辞去官职，告老还乡。然而不知为何，您一直未应允他的请求。臣曾听说，在古代，五十岁的将领到六十岁就能告老还乡，不再担任职务。您一直以至孝治理天下，备受各国君臣的赞誉。如今对待自己的老臣，更应该多加体恤才是。现在臣斗胆

再次上书，恳请朝廷答应我哥哥的请求，允许他在有生之年重回故里，与在世的亲人、朋友相见。"

班昭的上书言辞恳切，情理并重，汉和帝看后非常感动，知道不能再有任何推诿了，最终同意班超的请求，并派遣戊己校尉任尚出任西域都护，接替班超。

班昭以她的文采和才情使哥哥班超得以回朝。但不幸的是，早在离开西域疏勒时，班超就染上了病，加上旅途劳顿，回到家一个月就病逝了。得知哥哥班超病逝的消息后，班昭陷入无声的悲痛中。

谏言太后，协理国事

公元105年，汉和帝驾崩。新继位的汉殇帝刘隆还年幼，因此由他的母后邓太后辅政。邓太后临朝听政期间，特许班昭参与政事。班昭为政勤奋，邓太后非常满意，对她极其信任，还破格加封班昭之子曹成为关内侯。

邓太后的哥哥邓骘是汉朝的大将军，一直在边境驻守，对维护汉朝边疆稳定起到了十分重要的作用。后来，两人的母亲去世，邓骘便要求解甲归田，为母亲守孝。他对邓太后说："近日，微臣的母亲去世，臣想辞去官职，回乡为母亲守孝，请太后批准。"

邓太后感到十分诧异，急切地说："哥哥为何做出这样的决定，现在可是朝廷正需要您的时候啊！我如今主持朝政，势单力薄，哥哥应该鼎力相助才是啊！"

"我的心意已决，还请太后成全！"

邓骘语气坚决，丝毫没有退让之意，邓太后只得另作打算。她缓和了一下语气，说道："这件事你让我再好好想想。"

之后，邓太后召班昭入宫，把邓骘打算辞官的事情告诉了她，请她替自己出谋划策以挽留邓骘。

班昭听完邓太后的叙述后，说："这件事事关重大。请太后准许我先去做一下调查，等情况了解后，臣再来发表自己的意见。"

几天后，班昭弄清楚事情的原委，向邓太后上书："邓太后的美德盛名远扬。您秉承古代明君尧舜的执政理念，广开言路，虚心听取臣子、百姓的意见。臣班昭今生有幸遇到您这样的廉明之主，定会为江山社稷竭尽全力，以报皇恩。

"臣班昭听说，最高尚的品德莫过于谦让。古时候，先贤伯夷和叔齐互让国君令天下人佩服；先贤太伯让位给季历，孔子再三称赞。这些人的美德依旧盛传，扬名于世。由此可见，谦让的美德影响深远。

"如今，邓骘将军秉持谦让之礼，主动辞官归隐，如果太后以边疆不宁的理由拒绝他的请求，恐怕日后将军的谦让之名不可复得了。但如果太后准许将军的请求，这岂不正说明我们是以礼来治国的吗？依我看，太后您还是同意将军辞官的请求，这样既传播了您以礼治国的美名，又让国民明白您并不想打仗。而且，邓骘将军征战沙场多年，为国立功，可谓尽'忠'；如今他想辞官回乡，料理家事，可谓尽'孝'。太后应该成全将军的忠孝之举。日后，如果朝廷有需要，还可以再召将军入宫。"

邓太后看完班昭的上书，认为她说得非常有理，于是同意了邓骘辞官的请求。

主要成就及影响

班昭是我国第一位女历史学家，她的主要成就是在史学方面。班昭继承父兄遗志，入东观藏书阁续成《汉书》。她在完成《汉书》过程中的主要作用有三点：整理《汉书》、完成八表、传播汉书。另外，班昭在文学方面也取得了非凡的成就。她曾写过十六篇文章，其中《东征赋》《女诫》等文章对后世产生了一定影响。《女诫》强调男尊女卑的思想，认为女人的天地在于家庭，不必有才学。班昭倡导

的女性观念，成为中国古代妇女的行为准则，《女诫》作为
"女四书"之一，极大地禁锢了女性的思想和自由，影响了
中国历史一千多年。

作品欣赏

东征赋（节选）

惟经典之所美兮，贵道德与仁贤。吴札称多君子兮，其言信而有徵。后衰微而遭患兮，遂陵迟而不兴。知性命之在天，由力行而近仁。勉仰高而蹈景兮，尽忠恕而与人。好正直而不回兮，精诚通于明神。庶灵祇之鉴照兮，佑贞良而辅信。

译文： 经典中所赞美的，是那可贵的道德仁贤。吴季札曾说，卫国多君子，最后必有祸患，他的预言是可信的，且已得到了验证。后来卫国遭到祸患，逐渐衰落，再没有强盛起来。我深知命运由天支配，但勉力而行也能够接近圣贤。仰慕圣人高德，步前贤后尘，对己真诚尽责，对人宽容相待。喜好公正刚直不违背祖德，凭借真诚可以感动神灵。希望神灵明察，保佑忠贞信义之人。

/名作展示

　　《班姬续史》是清代画家黄山寿于1889年创作的一卷设色纸本立轴，工笔重彩，隽雅研秀，有清代画家改琦的遗韵。

　　黄山寿（1855—1919）原名曜，字旭初，别字旭道人，晚号旭迟老人，又号丽生，江苏武进（今属无锡）人。幼年贫困，志于书画。书法上，他专攻汉隶，自成一格。绘画上，他以墨龙最为擅长，人物、山水、花卉、走兽，无一不能。五十岁后，他在上海以卖画为生，是海上画派的代表人物。

《班姬续史》　清·黄山寿

蔡文姬

姓名／蔡文姬

朝代（时期）／东汉

出生地／陈留圉（今河南杞县）

出生时间／不详

逝世时间／不详

主要成就／创作了《悲愤诗》和《胡笳（jiā）十八拍》等

蔡文姬是我国古代历史上著名的才女之一。蔡文姬自幼受父亲的教导和熏陶，表现出了非凡的才气。她擅长文学、音乐、书法，一生创作了许多著名的作品，例如五言叙事长诗《悲愤诗》和琴曲歌辞《胡笳十八拍》等。

生于东汉，自幼好学，
在文学、音乐方面才能出众。

乱世凄凉，被掳到南匈奴，
一住十二年，生有两子。

与骨肉诀别，
在汉朝使臣的护送下归汉。

改嫁董祀，后丈夫获罪，
冒死救夫。

默写古籍，创作《悲愤诗》。

听琴辨断弦

蔡文姬的父亲蔡邕虽才学渊博，但仕途并不顺利。他早年因为得罪朝廷被流放到江南地区。蔡文姬的童年时代就是跟随父亲在四处流亡中度过的。蔡邕看到独生女儿跟着自己受苦，感到很愧疚，因此对她更加疼爱，经常向她传授文学和音乐知识。蔡文姬自幼聪明好学，不久就继承了父亲的才学，在文学和音乐方面表现出非凡的才能。

六岁那年，在一个月朗星稀的夜晚，蔡文姬正在专心练字。这时，蔡邕点燃一炷清香，席地而坐，轻轻弹奏起自己心爱的七弦琴。琴声悠扬，抑扬顿挫，时而舒缓，时而急促，非常动听。蔡文姬放下手中的毛笔，双手托腮望着窗外，然后屏住呼吸凝神听了起来，悠扬的琴声仿佛把她带到一个奇妙的梦幻世界。突然，"嘣"的一声，琴弦断了，琴声戛然而止。

蔡文姬一下子回过神来，她转身问父亲："父亲，是不是第二根琴弦断了？"

蔡邕低头一看，果然是第二根琴弦断了。他心里感到十分奇怪，心想女儿怎么可能一下子就听出哪根琴弦断了，一定是她胡乱猜的。于是，蔡邕假装生气地说道："文姬，你看你只顾听琴，都不好好练字了！"

"父亲，女儿早就把字写完了！"蔡文姬一边说着，一边把写好的字拿给父亲看。蔡邕仔细看着女儿写的字，发现她确实进步了不少，于是非常满意地说道："文姬，既

然你字都写好了，又那么喜欢听琴，父亲今天就再弹奏一曲。"

蔡邕边说边把刚才断了的琴弦重新安好，同时心里在想：刚才女儿一下子就听出来是哪根琴弦断了，不知道她是真有这听琴辨音的本事还是随便猜的？这次我倒要试试她还能不能听出来。

琴弦安好以后，蔡邕继续弹奏第二首曲子。寂静的夜空中又回响起悠扬的琴声，蔡文姬着迷地听着。突然，蔡邕故意把第四根琴弦弄断。然后，他双手遮住七弦琴，问

道："文姬，这次又是哪根琴弦断了呢？"

"第四根！"蔡文姬应声而答，丝毫没有犹豫。只是这悠扬的琴声再次中断，使得她略感惋惜。

然而，蔡邕十分欣喜，因为女儿确实有听琴辨音的才能。他把女儿叫到身边，一面抚摸着她的头，一面问道："文姬，你小小年纪，怎么学会的只凭听音就能判断出哪根弦断了呢？"

蔡文姬满脸纯真地回答说："这不算什么。您不是还给我讲过，季札听琴能判断一个国家的兴衰；师旷听琴能判断楚国要打败仗吗？女儿每天听您弹奏七弦琴，对每根琴弦发出的声音都熟记于心，当然能判断哪根琴弦断了。"

蔡邕听了女儿的话，感到非常满意。女儿这么小就如

此聪慧，并且拥有不一般的音乐天赋。从此以后，蔡邕更加注重对女儿音乐才能的培养。他亲自教授女儿如何弹琴，以及如何作曲填词。在父亲的指导下，蔡文姬很快掌握了许多乐理知识，诗文辞赋的学习也进步了不小。

乱世凄凉

公元189年，汉灵帝驾崩，叛军首领董卓独霸京师，掌握政权。董卓生性残忍，指使手下的士兵们烧杀抢掠，干尽了坏事，所到之处满目疮痍，民不聊生。蔡文姬看到破败萧条的国家，看到生活在水深火热中的百姓，心中备感凄凉。

有一天，蔡文姬待在家中感到十分烦闷，决定出去走一走。此时，洛阳百姓正准备在河边举行一年一度的祭告土地神仪式，祈求国泰民安、风调雨顺。蔡文姬决定和家人一起去参加这场热闹的仪式。

当他们来到郊外河边时，祭告仪式已经开始。百姓从四处赶来，在洛河边的一堆堆沙土上插满清香，整个河岸弥漫着香火散发出的烟雾。衣衫破旧的男女老少跪在地上，非常虔诚地向苍天磕头，嘴里还大声祈求着："老天爷，快来救救我们吧！现在战火连天，世道混乱，老百姓的日子简直没法过啦!"

还有的人一边哭,一边祈求着:"天上的神灵们,求求你们保佑我家的男人。他被乱军抓走了,到现在都没有音信。请保佑他早日平安回家吧!"

蔡文姬原本打算出来走一走,消除心中的烦闷,谁知道此刻听了百姓们的声声哭诉,心中更加酸楚、凄凉。于是,蔡文姬想吩咐家人赶紧回家,不料这时突然有人大声喊道:"不好了,快跑呀!董卓的部队马上就要来了,大家赶紧逃命吧!"

一时间,河岸祭祀的百姓们乱成一团,大家纷纷四处奔逃,嘴里还大声喊着"快跑呀、快跑呀"。蔡文姬也在家人的保护下跟着大家一起逃命,可是还没跑多远,董卓的军队就追了上来。士兵们在飞扬的尘土中大声怒吼着,一手高举着"董"字军旗,一手挥舞着大刀,向无辜的百姓们砍去。顷刻间,兵马的嘶吼声,百姓的哭喊声,夹杂在飞扬的尘土中,整个场面混乱不堪,凄惨无比。文弱的蔡文姬被吓得僵住了,双手掩面哭泣着,心也"扑通扑通"地跳个不停。

虽然蔡文姬最终在家人的保护下逃回了家,可她无法平息心中的恐惧,几乎一晚上都没睡。第二天,家人对她说:"昨天,董卓的军队看到男人就杀,还把人头挂在战车上；看到女的就直接抓走，供士兵玩乐。幸亏咱们跑得快，不然肯定没命啦！"

"简直太没人性啦！"蔡文姬听后深感气愤。她为这乱世飘零的景象感到担忧，可是不知道自己一介女流能为国家、为百姓做些什么。

面对社会的动荡和百姓的苦难，蔡文姬只能靠作诗来排解心中的哀愁和悲愤。她那首仅存于世的《悲愤诗》中就真实而生动地描绘了此次经历。

被掳到南匈奴

穷凶极恶的董卓执政后不久，被朝内大臣及其部下联合设计杀死。之后，董卓的部下为了把持朝政相互倾轧，整个朝廷风雨飘摇，国家战乱频繁，社会动荡不安。

蔡文姬十六岁那年许配了人家，不久丈夫就生病去世了。蔡文姬孤苦无依，每日以泪洗面。最后，她只好回到自己的娘家为丈夫守寡。

当时，南匈奴人趁着中原一片混乱的时候，经常派兵侵扰。不少匈奴士兵混杂在乱军之中，烧杀抢夺，无恶不作。蔡文姬的家乡也没能幸免。为了保命，蔡文姬只得跟着家人踏上流亡之路，四处颠沛流离。

在一次逃难途中，蔡文姬与家人失散。而南匈奴士兵紧跟其后，追了上来，蔡文姬和其他百姓不幸被俘。这些俘虏一路遭受驱赶，被带到南匈奴。

南匈奴地区位于遥远的北部边疆。这里地域辽阔，遍地牧草，南匈奴人以放牧为生。这次抓回来的俘虏有些被派去放牧，有些则被带走侍奉匈奴人。蔡文姬因为相貌出众，端庄贤淑，被单独带到匈奴首领左贤王的面前。这位左贤王看到蔡文姬后，对她非常喜欢，于是把她留在了身边。

虽然左贤王对蔡文姬很好，但她在南匈奴的生活并不快乐。她不喜欢住帐篷，也不喜欢四处漂泊的游牧生活。加上语言不通、生活习惯不同等，蔡文姬时刻思念着自己的家乡，希望早日回到中原故土。

有一天，蔡文姬正在低头弹琴，左贤王匆匆地走进帐篷，兴高采烈地对她说："文姬，快别弹了，赶紧起身招待贵客！"

这时，门外的侍卫带着一位客人走了进来。这个人全身上下都是汉人打扮，而且用汉语跟蔡文姬打招呼，蔡文姬听了十分高兴。这么多年了，再次见到来自故乡的人，听到家乡的话，自然是又激动又兴奋。她一会儿询问朝廷的情况，一会儿又打听家乡的事情，那个人只能尽力回答

她。因为，这位客人只是偶然来南匈奴做生意的商人，对蔡文姬的问题并不是全部了解。

客人走后，蔡文姬既兴奋不已，又有些哀伤，对家乡的思念更深了。

文姬归汉

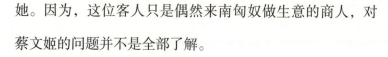

公元208年，蔡文姬在南匈奴已经生活了十二个年头，并且生下了两个儿子。此时，曹操统一北方，当上了汉朝的丞相。曹操与蔡邕曾是好友，两人经常一起探讨文学和书法方面的知识。如今，蔡邕唯一的女儿仍旧流落在外，曹操心生怜悯，决定派使者带着金银财宝、玉石锦缎等前往南匈奴，将蔡文姬赎回来。

汉朝的使者到达之后，蔡文姬十分欣喜。她心想自己终于能够重回中原故土了。可是，当她告诉左贤王，自己打算带着两个孩儿一起回到家乡时，左贤王好长时间没有回答。蔡文姬思忖着问道："大王怎么不说话？你难道不同意我带着两个孩子回中原吗？"

"是的。"左贤王生硬地答道，"你一个人回去可以，但两个孩子是匈奴人，必须留下。这是我们匈奴的规矩。"

听了大王的话，蔡文姬十分难过。她既渴望早日回到家乡，又不忍心骨肉分离，这样的两难境地令她非常苦闷，好几天饭也吃不下，觉也睡不着。

最后，蔡文姬决定自己一个人回到家乡。无论如何，她都无法割舍自己思念了十几年的故乡。

听说母亲就要离开匈奴了，蔡文姬的两个儿子伤心地哭着来到她面前。他们泪眼汪汪地扑到母亲怀里，哭诉着："母亲，您真的决定要离开我们，回到汉朝吗？"

"母亲，我们可是您的亲生骨肉呀，您真的忍心抛弃我们吗？"小儿子边哭边抱着蔡文姬的腿。

看到这样的场景，蔡文姬也忍不住伤心地哭起来。这世间哪会有一位母亲想和自己的孩子分离，可是与多年的思乡之情相比，蔡文姬只得舍下孩儿。

最终，在汉朝使臣的护送下、在孩子的哭泣声中，蔡文姬踏上重返中原的道路。这就是著名的"文姬归汉"的故事。

冒死救夫

蔡文姬回到汉朝以后，曹操对她十分敬重，还做媒把她嫁给了屯田都尉（县令）董祀。从此，蔡文姬开始了全新的生活。

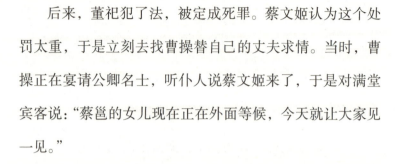

后来，董祀犯了法，被定成死罪。蔡文姬认为这个处罚太重，于是立刻去找曹操替自己的丈夫求情。当时，曹操正在宴请公卿名士，听仆人说蔡文姬来了，于是对满堂宾客说："蔡邕的女儿现在正在外面等候，今天就让大家见一见。"

众人来到门外，却看见蔡文姬披散着头发，光着脚，而且她一见到曹操就立刻叩头请罪。满堂宾客看到蔡文姬冒着严寒替自己的丈夫求情，都非常感动。曹操赶紧命令仆人给蔡文姬拿来头巾、鞋子、袜子，把她请进屋里。

蔡文姬言辞恳切地向曹操求情，每句话都合情合理，众人听得非常动容。曹操也被说服了，说道："你说得很对，这次处罚确实太过严重，我决定赦免董祀。可是处罚的文书都已经发出去了，怎么办？"

"您的马厩里有好多上好的马，擅长骑马的士兵更是不计其数，还会吝惜一匹快马去拯救一个垂死的生命吗？"蔡文姬说。

于是，曹操即刻派人乘快马更改了降罪文书，赦免了董祀。

默写古籍

后来，曹操找到蔡文姬，对她说："我和你的父亲曾是非常要好的朋友。我听说你们家原来保存着许多古籍，现在，这些书都还保留着吗？"

"当初父亲留给我的书籍有四千多卷，但由于战争流离失所，保存下来的很少，现在我能背诵出来的文章，只有四百余篇。"蔡文姬答道。

"太好了，能整理出四百多篇也不算少啊！我现在就派人帮你来辑录，可以吗？"曹操问道。

"这样恐怕不太方便。您还是给我纸和笔，由我一个人默写出来就是。"

曹操同意蔡文姬的说法，然后派人拿着纸笔护送蔡文姬回家。从此，蔡文姬闭门在家默写古籍。不久，蔡文姬就把四百多篇文稿一字不落地辑录下来，然后呈交给曹操。当时，曹操身边还有几篇蔡邕生前送给他的文章。他拿来一对照，发现蔡文姬果然默写出了这些文章，没有丝毫差错。曹操对蔡文姬更加佩服。

有一次，曹操在邺城（今河北临漳）举办聚会，邀请了许多文人学士，蔡文姬也是其中之一。聚会期间，不少人都把自己新写的诗篇拿出来当众诵读，互相交流心得，文学气氛相当浓厚。曹操知道蔡文姬才学渊博，琴棋书画都十分擅长，于是上前说道："听说你平日里也喜欢写诗作文，今天不知道能不能拿出几篇，与大家共同品读一下呢？"

蔡文姬谦虚地回答："我这一生四处漂泊，居无定所，哪里懂得什么吟诗作赋，只不过平时喜欢随便写写，练练笔罢了。"

"先不说好坏，今日大家难得兴致都很高，你就拿出一首，让大家见识一下吧！"曹操再三坚持说。

蔡文姬不好意思再推辞，于是说道："既然如此，我今天就献丑为大家吟诵一首自己写的诗，希望大家多多指教。"说着，蔡文姬取出一卷诗稿，满含感情地吟诵起来。这首诗正是著名的五言长诗《悲愤诗》。文姬吟罢，殿内一片寂静。过了好一会儿，曹操起身击了三声掌，高声说道："好诗啊，好诗！"众人也纷纷称赞不已。

/作品欣赏

悲愤诗（节选）

边荒与华异，人俗少义理。

处所多霜雪，胡风春夏起。

翩翩吹我衣，肃肃入我耳。

感时念父母，哀叹无穷已。

有客从外来，闻之常欢喜。

迎问其消息，辄复非乡里。

邂逅徼时愿，骨肉来迎己。

己得自解免，当复弃儿子。

天属缀人心，念别无会期。

存亡永乖隔，不忍与之辞。

儿前抱我颈，问母欲何之。

人言母当去，岂复有还时。

阿母常仁恻，今何更不慈。

我尚未成人，奈何不顾思。

见此崩五内，恍惚生狂痴。

号泣手抚摩，当发复回疑。

兼有同时辈，相送告离别。

慕我独得归，哀叫声摧裂。

马为立踟蹰，车为不转辙。

观者皆歔欷，行路亦呜咽。

《悲愤诗》是中国文学史上文人创作的第一首自传体长篇五言叙事诗，描写了蔡文姬前半生的惨痛经历，真实地再现了汉末动乱的社会面貌和广大人民的悲惨遭遇。富有深刻的社会意义和强烈的时代色彩，具有很高的文学价值。

《悲愤诗》全诗108句，共分三个部分，第一部分从董卓之乱写起，再现了诗人蒙难的历史背景，揭露了董卓部的残忍暴行；第二部分描写了诗人被掳到南匈奴后思念骨肉之亲的痛苦及迎归别子时不忍弃子、去留两难的悲愤；第三部分写的是诗人归途中的所见所感以及回到家乡后眼见山河凋敝，白骨纵横，家中亲人已逝，再无所依的悲伤与忧愁之情。

选段为《悲愤诗》的第二部分，译文如下：

这蛮荒偏远之地，与中原完全不同，这里的人缺少礼仪，性情非常粗鄙。居住的地方总是覆盖着霜雪，即便是在春夏季节，强劲的北风也吹个不停。

翩翩的北风，吹透了我的衣裳，萧萧的风声，震得我双耳疼痛。每当这时，对父母亲人的怀念就会涌上心头，但我又有什么办法呢？只有止不住的哀怨与叹息。

每当听说有远方的客人来到这边鄙之地，我就觉得很欣慰，总是急匆匆地上前打听家乡的消息，可对方并不是我的同乡，所以对我的提问也无从答起。

庆幸的是，我的心愿终于能够满足了，因为有亲人能够把我接回家乡。可转念一想，自己虽然得到了解脱，能够离开这里，可我的孩子们怎么办，我只能把他们留在此地。

一想到分别之后，我们母子可能就再也没有相逢的机会了，我便心生挂念。从今以后，不论是生是死，我们母子都只能天各一方了，想到这些，我便不忍心离开孩子们了。

我那年幼的儿子走上前来，抱着我的脖子，小心翼翼地问："母亲，您打算去哪里啊？别人都说您要离开我们，您走了以后还会回来看我们吗？母亲您平日里心肠柔软，如今怎么这样对我们呢？我们都还没有成年，母亲您为什么不顾念我们呢？"

此情此景，真是让我肝肠寸断，整个人神志恍惚，如痴如狂。我哭号着，用手抚摸着我的孩子们。出发的时间已经到了，我却变得犹豫不决，迟迟不肯上路。

那些与我一起被掳掠来的同伴们，她们都来送我上路，与我告别，羡慕我能够离开这里，返回故乡。那哀痛的哭声，真是让人悲恸欲绝。

拉车的马儿似乎也感觉到了我们的悲伤，呆立在原地不走，就连那车轮，也为这别离的场景而感到悲哀，不再转动。围观的人们唏嘘感伤，路过的人们也在呜咽哭泣。

/名作展示

《文姬归汉图》 金·张瑀

　　《文姬归汉图》是金代画家张瑀创作的一幅绢本设色画，纵29厘米，横129厘米，现藏于吉林省博物馆。

　　《文姬归汉图》全卷共十二人，前面骑马执旗的是负责引道的官员，中间头戴貂冠、足蹬胡靴、身着华丽的是蔡文姬，蔡文姬身前两人挽缰，身后八人护送，并有猎犬、马驹、苍鹰相随。画上风沙漫天，人骑错落有致，互相呼应，神情逼真，塞北风光尽现纸上。此画笔墨遒劲简练，富于变化，设色浅淡丰富，典雅和谐，是一幅人物画精品。

荀灌娘

姓名 / 荀灌娘

朝代（时期）/ 西晋

出生地 / 颍川临颍（今河南临颍）

出生时间 / 约公元 303 年

逝世时间 / 不详

主要成就 / 帮助父亲驻守宛城，在宛城被围困时，率小队人马突围求援，解了围城之困

荀 灌娘，西晋末年人，是宛城守将荀崧的女儿。荀崧驻守宛城时，被叛军围困多日，几近粮绝。危难之际，荀灌娘主动请缨，带领十几个勇士突围，成功说服襄城和寻阳太守出兵援助，解了父亲的燃眉之急，挽救了宛城一众军民。

生于西晋末年，
父亲为平南将军荀崧。

性格活泼，行事大胆，
对习武极有天赋。

宛城被困，主动请缨，
突围求援。

说服石览、周访出兵，
救援宛城。

宛城之围化解，
小英雄荀灌娘名扬。

不爱红装爱戎装

　　荀灌娘出生于西晋末年一个武将家庭，先祖是有"曹操第一谋士"之称的荀彧（yù），父亲是西晋的平南将军荀崧，负责驻守宛城，是当地的最高军事长官。荀灌娘是家中最小的女孩，上面还有几个兄长，家里人对这个小女儿特别娇宠，可是让人没想到的是，这个小姑娘自小就与别的女孩不一样。

　　荀灌娘性格活泼，行事大胆，从不喜欢针织女红或是琴棋书画，只对舞刀弄枪感兴趣，总是缠着父兄们要学几招。家人拿她没有办法，只好由着她的性子，请了几个著名的师傅教她武艺。谁知，灌娘对于习武极有天赋，学什

么都能很快上手，而且练得有模有样，比起男孩来也毫不逊色。到了十一二岁，她已经弓马娴熟，能一箭射中百步开外的目标，各类兵器也使得得心应手，一杆银枪被她舞得风雨不透。

宛城之困

【西汉】淳于缇萦
【西汉】冯嫽
【东汉】班昭
【东汉】蔡文姬
【西晋】荀灌娘
【唐朝】武则天
【南宋】李清照
【南宋】梁红玉
【宋末元初】黄道婆

当时，西晋正处在风雨飘摇的时期。先是八王之乱，后有北方游牧民族的内迁，各地战事频发，军队将士们也各自为战。荀崧驻守的宛城地处江北入口，向来是兵家必争之地，得到此处军事要塞，即可掌握江北的大片区域。自从战乱开始后，就不断有叛军对宛城发起攻击，荀崧的驻守形势十分严峻。

有个叫杜曾的人，本来是竟陵太守。他看到天下大乱的景象，就起兵自立，很快占据了荆州。一朝得胜，杜曾就将目光瞄向宛城，不久之后带领大批部队前来攻打。

荀崧面对来势汹汹的叛军，带领宛城驻军全力抵抗。但杜曾的兵力是驻军数量的几倍，几场小规模的交锋之后，荀崧被迫率领军队退回城内，固守城池。杜曾见状有些着急，可由于荀崧守卫严密，他几次发起攻击，都没有讨到好处。双方陷入僵持状态，都进退不得。杜曾便让军队在城外驻扎下来，打算利用围困的办法，使宛城城内粮草断绝，逼迫守军投降。

主动请缨

日子一天天过去，宛城城内的粮草逐渐减少，将士的士气开始低迷。荀崧见状非常焦急，他心知再这样下去，军队将无心恋战，只怕到时杜曾不费吹灰之力就可以夺下宛城。无奈之下，他把部将都召集到一起，希望能集思广益，共同商量出一个办法。

荀崧看着座下将领，叹了口气，问道："宛城危在旦夕，不知各位将军可有破敌解围之策？"

众将互相看了看，一名老将军走出来说："为今之计，只有突围求援这一条路可行。"

另一名年轻将领马上问了出来："我们该向何处求援呢？"

荀崧低头沉吟了一阵，缓缓说道："襄城距离此处不远，当地太守石览以前是我的部下，素来与我交好。如果向他求援，应该行得通，路程也赶得及。"

"可是，宛城如今被杜曾包围得就像铁板一块，想出城简直比登天还难！这可怎么办呢？"又一位将军皱着眉头提出问题。

话音刚落，厅中一片静默。大家都很清楚，以现在这种情形来看，突围可谓九死一生。一时之间，众人都有些踌躇。

荀崧苦恼地摇了摇头，手下无人可用，自己身为宛城守将又必须坐镇军中，真是进退两难。

就在他一筹莫展的时候，一个清脆的声音响起来："我愿请命去襄城求援！"

众人闻声看过去，发现有个人影出现在门口。她个子不高，身量单薄，看上去还是个未及弱冠的孩子。更让人惊讶的是，她的打扮，俨然就是个小姑娘！在场有熟悉荀崧家人的立刻认了出来，这个少女正是荀崧的小女儿荀灌娘。

荀崧看到荀灌娘也是一惊，心想自己这个女儿平日里虽然喜欢舞刀弄枪，但也只是活泼了些，从来没有这样莽撞、不知分寸过。他有些恼怒地对荀灌娘说道："大人们在议事，你一个小孩子懂什么，还不赶快出去！"

荀灌娘抬头望向父亲，脸上的神情果敢又坚毅："父亲，孩儿并不是在捣乱胡说。宛城已经被困好多天，再没有援兵相助，满城军民都只有束手就擒。孩儿请求父亲，准许孩儿突围求援！"

荀崧严肃地看着她说:"这是军国大事,哪里容得你这样随便玩笑!再不闭嘴,可要惩罚你了!"

荀灌娘见父亲丝毫没有考虑她的建议,也着急起来。她向前走了几步,一直走到荀崧面前,扬声说:"此次突围,只有豁出性命才有一线生机。父亲身为主帅,关系整座城池的安危,不可轻易涉险。而荀灌娘不怕死,难道不是最好的人选吗?"

荀崧望着自己这个小女儿,一时心中百感交集,说不出话来。荀灌娘见此,又进一步说道:"荀灌娘自请突围,并不是好勇斗狠,也想好了突围之策。只需等到夜深,敌军守备松弛之时,荀灌娘设法出城,或许多几分机会。"

荀崧被女儿的勇气和周详深深打动了。他思考再三,终于同意了她的请求。他挑出三十名士兵交给荀灌娘。随后,突围士兵全副武装,只待夜幕降临。

暗夜突围

天色渐渐暗了下去,终于到了出发的时候。荀灌娘一行人登上城楼,把粗如手臂的绳索绑在身上,借着夜色的掩护,无声无息地翻出了城墙。

宛城城外,杜曾的大军形成合围之势。荀灌娘带领士兵们仔细观察了一番，发现四周把守得很严，想要强行撕开缺口突围，把握不大。反倒是驻军大营里，因为多日对峙，精力消耗巨大。此时，士兵们正鼾声大作，只有一小部分守卫负责巡逻。荀灌娘见状，决定大着胆子带士兵们从大营中央穿过。

荀灌娘让士兵们排成一列潜入杜军大营。夜色正浓，四下里除了巡逻守卫的脚步声没有任何动静。荀灌娘一行屏住呼吸前进，不发出一点声音，一路上出乎意料的顺利，眼看就要成功穿越大营，不料还是被巡逻的守卫撞见，守卫马上大喊起来。眼看全营敌军都要聚拢过来，情急之下，荀灌娘忙命令士兵们分散突围。

敌军越追越近，突围队伍有些伤亡，逐渐支撑不住了。忽然，荀灌娘抬眼看见眼前一座黑黢黢的大山。她心下一喜，立刻指挥大家挺进山中。

这座山名叫鲁阳山，林深草密，在黑夜里仿佛一只巨大的怪兽，令人心惊肉跳，更别提进去了。然而，荀灌娘自小生长于宛城，经常到鲁阳山玩耍，对山上的一草一木都非常熟悉，即便是在夜里，认路也不是什么难事。她带着士兵们在山林里穿梭，终于摆脱了身后的追兵，冲出了杜曾大军的包围。

说服援军

荀灌娘日夜兼程，赶到襄城后，立刻来到石览府外求见。石览正在府中议事，听到下人禀报，刚一抬头就看到一位神采奕奕的小将走上厅来。

荀灌娘一看见石览，二话不说就拜倒在地，同时自我介绍起来："侄女荀灌娘拜见石大人，望大人能及时派出援兵，救宛城的军民于水火。"

石览听了她的话，看着眼前分明是一位少年将军打扮的荀灌娘，大吃一惊。他对于宛城被困略有耳闻，这几日也正在琢磨发兵援救之事。可是宛城被围得水泄不通，他对城内情况一无所知，一时也不敢贸然行动，早就想着若有人能突围传个信息就再好不过了。只是没有想到，这个冒着九死一生的危险，带来讯息的人竟如此出人意料。石览忙将荀灌娘扶起来，心中对这个小姑娘由衷赞叹。从宛城到襄城这一路危机重重，荀灌娘甘愿涉险，着实让人佩服呀！他连忙让荀灌娘坐下，向她询问起战况。

荀灌娘一路历经生死，此刻心情激荡，眼泪几乎就要流下来。她连忙收拾好心神，拿出一直小心保管的父亲的亲笔书信，一面呈递给石览，一面详细介绍她这一路来亲眼所见的杜曾军力分布情形。

石览仔细看过荀崧的信，又认真听完荀灌娘的禀报，眉头渐渐皱起来。他沉吟了一阵，看了一眼焦急的荀灌娘，有些为难地说："杜曾的兵力比我预计的多了太多。我现在手上骑兵只有五百，不足以与杜曾抗衡。照这样看的话，仅凭我一己之力，恐怕难解宛城之围啊！"

荀灌娘只觉得一盆冷水当头浇下来。她焦急地追问石览道："难道就真的没有办法了吗？"

石览思考了很长时间，终于开口说道："为今之计，只有一条路可行，"他转头看着荀灌娘，"寻阳太守周访兵力充足，如果能请他助一臂之力，或许还有一线希望。可是，我素来与周访没什么交情，恐怕他不会这么容易就同意出兵。"

石览的话让荀灌娘皱起了眉头。宛城危在旦夕，决不能就这么眼睁睁地看着局面恶化下去。她思考了一阵子，突然一道灵光闪过脑际，便挑起眉梢对石览道："您放心，我这就修书一封给周访，一定能够说服他出兵驰援。"

虽然石览满心不解，但是他还是吩咐人拿来笔墨纸砚，即刻让荀灌娘开始写信。

荀灌娘仔细地想好措辞，下笔毫不迟疑。不多时，一封十万火急的书信就写好了。

石览接过信，细细地浏览了一遍后，不由得大为感叹：

"写得妙！有了这封信，周访一定会马上派兵救援的！"他哈哈大笑着，一边拍了拍荀灌娘的肩膀，表示称赞，一边差人将信火速送往寻阳交给周访。

原来，荀灌娘在信上写道："宛城地处险要，失宛城则是失门户。杜曾叛军本来是乌合之众，这样的部队本来很容易战胜，但是一旦他们赢得这场胜利，占据了宛城，那么气势必将高涨，以后再次对阵就要困难多了。而攻克宛城后，叛军下一个目标又会是哪里呢？寻阳想必首当其冲。将军一定懂得唇亡齿寒的道理，如若局势真的发展到这样，一场硬仗就迫在眼前。到时，即使将军可以取胜，也必会

元气大伤。所以，如果将军肯发义兵援救宛城，那么一场关乎寻阳生死的大战或许可以消弭，宛城守将平南将军荀崧也会感念将军的恩义，与您结为兄弟，今后共同进退。"信的末尾，荀灌娘还特意以荀崧的名义落了款。

这一封信写得有理有据、不卑不亢，既表达出请求周访出兵的意愿，又详细分析了利弊，更许诺了日后的回报。

其实，周访这些日子一直在城中观望着宛城的战况。对于要不要出兵，他有些犹豫。但是，当他看完荀灌娘写的这封信后，立刻被说服了。于是，周访马上叫来自己的长子周抚，拨给他精兵三千，让他火速和石览的五百骑兵会合，一起进军宛城，救援荀崧。

宛城解围

荀崧自从将女儿送走之后，一直对她很挂心。荀灌娘突围求救是宛城唯一的生机，然而，几天过去了，女儿毫无音信，荀崧的心开始逐渐沉下去。

到了第三天，荀崧照例来到城楼上眺望，突然听到城外隐隐传来喊杀声。他凝目望去，只见一队军士正自北面而来，一路快速推进。杜军被这突然杀出的人马打得措手不及，只得匆忙迎战，招架得十分狼狈。正当杜军焦头烂

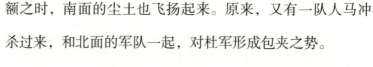

额之时，南面的尘土也飞扬起来。原来，又有一队人马冲杀过来，和北面的军队一起，对杜军形成包夹之势。

荀崧心中大喜过望。他知道，这必然是荀灌娘搬来的救兵到了！他马上下城，召集起城内尚存的士兵，打开城门，加入与杜军作战的阵营。杜曾的军队同时与三支军队作战，被打得阵脚大乱，毫无阵型战法可言。不多时，杜曾的士兵们便军心涣散，纷纷脱离指挥，自行逃命而去。

杜曾眼见形势如此，再怎么懊恼悔恨也没有用。他没有心思继续作战，只得带领着所剩无几的残兵，狼狈地撤退了。

宛城之围就这样解了，人们高兴地庆贺起来。在一片欢声笑语中，小英雄荀灌娘英勇突围的故事传扬开来。自此，荀灌娘成了我国古代少年女英雄的代表。人们每当提起荀灌娘，都会夸奖一句：巾帼不让须眉！

╱名作展示

《荀灌突围》是近现代画家徐操于 1937 年创作的一卷设色纸本立轴，纵 125 厘米，横 60 厘米，描绘的是杜曾围困宛城，荀灌娘率军突围，双方交战时的场面。

徐操（1899—1961 年）字燕孙，号霜红楼主，又号霜红龛主、中秋生，河北深县徐家湾人，我国近现代著名画家。他画艺娴熟，尤其擅长画人物故事、古装仕女，画面严谨，雅俗共赏，不论工笔、写意，还是白描、重彩，样样皆能。

《荀灌突围》　近现代·徐操

武则天

姓名 / 武则天

朝代（时期）/ 唐朝

出生地 / 并州文水（今山西文水）

出生时间 / 公元 624 年

逝世时间 / 公元 705 年

主要成就 / 我国历史上唯一一位正统女皇帝，开创了"贞观遗风"，为"开元盛世"打下了坚实基础

武则天是我国历史上第一位女皇帝，她勤勉治国，重视人才，知人善任，开创了政治稳定、军事强盛、文化复兴、国富民强的"贞观遗风"，为唐玄宗的"开元盛世"打下坚实基础。但同时，她重用酷吏，结党营私，擅用权术，制造了许多朝廷内乱和社会动荡。

 生于唐朝，父亲是开国功臣，
十四岁被召入后宫。

 唐太宗驾崩后，
被送往感业寺当尼姑。

 被唐高宗召入宫中，
最终当上皇后，临朝听政。

 掌握实权，排除异己，
改国号为周，正式称帝。

 在位十余年，毁誉参半，
留下无字碑，待后人评说。

初入宫廷则尽书

武则天是唐朝开国功臣武士彟（yuē）的第二个女儿。武士彟原本是山西有名的木材商人，家境殷实，后来协助唐高祖李渊夺取天下，被封为工部尚书、荆州都督等官职。武士彟四十七岁那年，武则天降生。十一年后，武士彟不幸病逝。这时，武则天已经出落成一位如花似玉的小姑娘。"武家出了个美女"的消息很快传开了，最后竟然传到唐太宗李世民的耳朵里。

武则天十四岁那年，有一天家里突然来了一队人马，带头的宦官下马后当众宣读圣旨，封武则天为才人，命她即刻进宫。

武则天的母亲杨氏接过圣旨，担心得久久不能平静，心想：皇上妃嫔众多，除了正妻皇后，还有许多妃嫔、婕妤、美人、才人等，其中才人的地位最低。自己的女儿进宫做才人，难免会受人欺负，如果再得不到皇上的宠爱，岂不是要在深宫中煎熬一辈子。杨氏越想越伤心，忍不住抱住女儿痛哭了起来。

　　她一边哭，一边说道："女儿啊，想不到你的父亲刚刚去世，你又不得不离我而去。一入宫门深似海，咱们母女怕是再也没有机会见面啦！"

　　这时，十四岁的武则天却显得很平静。她笑着安慰母亲说："母亲，您别太伤心了。依女儿看，这次入宫不一定是灾祸，说不定是好事呢。"

　　"好事？你这话是什么意思？"杨氏略显惊讶地问道。

　　"女儿这次入宫，只要能小心行事，懂得处处察言观色，一定能博取皇上的欢心。到时候，女儿当上了妃嫔，自然会有享不尽的荣华富贵，而且还能光宗耀祖，为母亲

【西汉】淳于缇萦　【西汉】冯嫽　【东汉】班昭
【东汉】蔡文姬　【西晋】荀灌娘　【唐朝】武则天
【南宋】李清照　【南宋】梁红玉　【宋末元初】黄道婆

您争光!”武则天充满期待地说着，眼神中闪烁着自信的光芒。

杨氏这才意识到，自己的女儿确实不同于一般的女子。她自幼聪明伶俐，能言善辩，八面玲珑，而且知道以长远的目光看待事情，说不定以后真的会得到皇上的宠幸。于是，杨氏擦干眼泪，开始为女儿准备进宫的东西。两天后，武则天拜别母亲，跟随那队宣读圣旨的人马进入宫中。

唐太宗立即召见武则天，并与她交谈了一番。唐太宗发现，这位武才人不仅貌美如花，而且知书达理，落落大方，回答问题时言辞委婉，对答如流。唐太宗很喜欢她，当即赐给她一个名字“武媚”。

进宫后，武媚又学习了不少文学和历史知识，言行举止更加端庄贤淑，惹人喜爱。唐太宗对她宠爱有加，即使在患病卧床期间，也要武媚日夜陪伴在身边。

太子示爱武媚

公元643年，唐太宗年事已高，而比他小二十五岁的武媚风华正茂。

太子李治早就听说武媚容貌娇美，温婉贤淑，恰好唐太宗又卧病在床，于是太子便常以入宫探望父亲为由，趁机向武媚示爱。武媚如此聪慧，当然一眼就能识穿太子的心意，但她表面上仍旧表现得若无其事。

有一次，太子又来病床前看望唐太宗，并偷偷地向武媚传情示爱。武媚假装没看见，对他不理不睬。等太子走后，武媚故作镇静地对身边的宫女说："太子真是一片孝心啊！他每天忙完政务，还不忘过来病床前探望自己的父皇。皇上把皇位传给他，真是选对了人啊！"

谁料身边的一位宫女听了这话，"扑哧"一声笑了出来。接着，她笑着说："娘娘您这么聪明，难道还没有看透太子的心意吗？他每次进宫，看望皇上是假，趁机接近您才是真吧。"

武媚听了脸上露出一丝羞涩，然后急忙喝止住那个宫女，心里却美滋滋的。武媚在心里盘算着，唐太宗卧床不起，看来活不了多长时间了，这天下不久就是太子李治的。假如能跟太子结下情谊，自己将来还有出头的机会；假如得罪了太子，恐怕日后只能没落而终。思来想去，武媚终于做出决定，她要抓住李治这根救命稻草。此后，太子再来对武媚眉目传情时，武媚不再假装正经，而是伺机给太子回应。就这样，武媚和太子慢慢有了私情。

公元649年，唐太宗驾崩，太子李治顺利登基，也就是唐高宗。按照后宫管理体制，皇上驾崩后，他的所有妃嫔们都要离开宫中。武媚因为还未生养过儿女，按规矩被送往感业寺当了尼姑。在此期间，她一直与唐高宗藕断丝连。

再次入宫

唐高宗继位后，并不喜爱他的王皇后，唯独对萧淑妃宠爱有加。这可让王皇后十分恼火。有一次，王皇后接连两天都没有看见唐高宗的身影，于是把皇上身边的宦官召过来，询问皇上的行踪。那个宦官吞吞吐吐，不肯说出实情。

王皇后看到这种情形，十分生气，瞪着眼睛厉声说道："你一个小小的宦官，连皇后也不放在眼里吗？今天，你要是不讲实话，就休想活着出去。"

那个宦官吓坏了，求饶着说道："小人真的不知道啊！"

"还敢胡说！来人啊！"

"娘娘息怒，小人说……小人什么都说……"

"快点讲！你要是敢有半句假话，小心脑袋！"

"是！"这个宦官彻底害怕了，一五一十地说出了真相。

原来，这几天李治心情烦躁，每天和大臣们商议完朝政，就悄悄来到感业寺，和武媚待在一起，直到深夜才回宫就寝。

王皇后听了感到又惊又喜。惊的是，唐高宗竟然不顾伦理道德，与先皇的妃子结交私情；喜的是，这个武媚可以成为自己对付萧淑妃的一枚棋子。后来，王皇后假装大度，主动来到唐高宗面前，建议他把武媚接回宫中。唐高宗没想到王皇后能支持这件事，心里当然乐开了花。不久后，唐高宗终于如愿以偿地把武媚接回到宫中，还封她为"昭仪"。

王皇后本想借武媚回宫一事，夺取皇上对萧淑妃的宠爱，以消解胸中的怨气。谁知后来，她竟然因此惹祸上身。

武昭仪弄权

王皇后可以说是武则天的"贵人"，间接给了武则天再次出头的机会。一开始，武则天回到宫中，对唐高宗和王皇后都百依百顺，处处讨两位主子的欢心。唐高宗和王皇后都十分满意，唐高宗如愿以偿，抱得美人归，王皇后则为唐高宗冷落了萧淑妃而感到庆幸。可是后来，王皇后发觉唐高宗对武则天的宠爱越来越多，渐渐产生嫉妒之心。于是，她想方设法离间唐高宗和武则天的关系，却每次都不成功，反而被足智多谋的武则天识破。武则天在宫中多年，逐渐有了危机意识。她决定运用权术，除掉王皇后。

武则天对待身边的宫女和宦官非常好，经常把皇上赏赐的东西分给大家，以此收买人心。因此，每当王皇后和萧淑妃有什么举动，武则天就会收到手下人的报告，然后跑到唐高宗面前哭诉告状。渐渐地，唐高宗对王皇后和萧淑妃越来越冷淡。

后来，武则天生了一位小公主，唐高宗非常疼爱。小公主满月的时候，王皇后过来看望。可是，武则天不在宫内，她逗了逗小公主之后就离开了。武则天回来后，得知王皇后来看过公主。于是，她心生一计，趁着没人，狠心地将自己的亲生女儿掐死，然后若无其事地盖上被子。

不一会儿，唐高宗过来了，武则天假装欢笑，和唐高宗一起去看孩子，发现孩子已经死了。武则天假装伤心欲绝地哭诉起来："皇上，女儿刚才还好好的，我出去一会儿的工夫她就断气了，肯定是有人暗中下了毒手。请皇上您一定明察啊！"

唐高宗急忙问身边的宫女们，刚才谁来过这里。

"启禀皇上，刚才只有王皇后一人来看过小公主。"宫女们齐声回答。

唐高宗勃然大怒，喊道："是王皇后杀了我的女儿！"

武则天顺势哭着说："一定是王皇后看我生了女儿，对我心生妒忌，就趁机害死了我的女儿。皇上，请您一定查明真相，替我做主啊!"

　　唐高宗为此事感到万分悲愤。他想治王皇后的罪，却又没有确凿的证据。此事最后不了了之，但唐高宗有了废除王皇后的念头。后来，武则天多次陷害王皇后。公元655年，唐高宗终于颁布诏书，废黜王皇后和萧淑妃，并在七天后再次下诏，册封武则天为皇后。

临朝听政

　　公元660年，唐高宗得了风眩病，整天头晕眼花，不能处理国家大事。于是，他让武则天协助自己处理朝政。自此，武则天正式开启政治谋权之路，但她也险些被废掉。

　　原来，武则天在协理朝政期间，趁机重用支持自己的许敬宗、李义府等人，同时唆使他们，先后除掉反对自己的褚遂良、长孙无忌等老臣。慢慢地，朝中越来越多的大臣都臣服于武则天。最后，就连唐高宗也发现，武则天的势力越来越大，已经掌握了朝政实权。

　　唐高宗对此很不满。他暗中把宰相上官仪召入宫中，商议起草废黜武则天的诏书。幸好武则天的亲信及时发现，将此事报告给她。武则天先发制人，跑到唐高宗面前质问他为何废后。唐高宗惧怕武则天，只得将责任全部推给上

官仪。上官仪因而被诛杀，废后之事也以失败而告终。

后来，武则天向唐高宗建议，允许自己临朝听政，唐高宗答应下来。这样一来，武则天积累了大量的政治经验，影响力也进一步增强了。

武则天执掌朝政期间，向唐高宗提出了十几条治理天下的建议，为百姓们做了一些好事。她对唐高宗说："如今各地都在大兴土木，实在是劳民伤财。我认为，朝廷应该下令停止大兴土木，让百姓们有时间和精力去种庄稼、养蚕虫，搞好农业生产，国家才能富强。"

唐高宗认为武则天说得对，立刻下旨派人去办理此事。

"现在，不管是官府还是私人的作坊，都在做一些奢侈无用的东西。我建议朝廷下令禁止铺张浪费，主张勤俭节约。"武则天继续说道，"而且，我认为管理百姓要靠仁、义、礼、智、信儒家'五常'，而不是靠武力镇压，那样是无法顺应人心的。"

"很好，就按媚娘说的办。"唐高宗一口答应下来。

就这样，武则天的政治提议都一一变成了现实。各地鼓励农业生产，百姓安居乐业，大唐呈现出一派安定祥和的景象。

一代女皇

公元675年，武则天的长子太子李弘突然病逝，唐高宗改立与武则天所生的二儿子雍王李贤为太子。不料，公元680年，李贤因谋逆罪被废为庶人，流放巴州。后来，武则天的三儿子李显被选为太子。公元683年，唐高宗驾崩。太子李显顺理成章地登上王位，史称唐中宗，武则天成为了太后。谁料，唐中宗刚刚即位两个月，就因惹怒武则天而被贬为庐陵王。随后，武则天的四儿子李旦即位，史称唐睿宗。事实上，谁当皇帝都得听从武则天的摆布，皇帝本人根本没有实权。

后来，一个叫徐敬业的大臣联合其他人支持庐陵王李显，并在扬州策划、发动了一场武装叛乱。当时，著名的诗人骆宾王也参加了这场叛乱，他还专门写了一篇文章痛斥武则天，号召大家共同反对武则天。

武则天看到这篇文章后，一点都没有生气，反而笑了笑说："这个骆宾王的文章写得不错呀！虽然内容都是假的，但是文笔确实不错。这么有才华的人，朝廷之前为什么没有重用他呢？"

之后，武则天派大将率兵三十万前去讨伐叛军。最终，徐敬业兵败自杀。

这件事让武则天对地方叛乱有了警惕之心，她随即宣布：凡发现有谋反、忤逆等行径的人都可以向朝廷上书告密；凡是前来告密的人，朝廷都要提供驿站、车马和饮食；告密属实的会被破格升官，告密不属实的也不会被问罪。就这样，随着告密之风的兴起，一大批被告者进了大牢，遭到严刑拷打。朝廷内外形成十分恐怖的政治气氛，文武百官整天都惶惶不可终日。

武则天借机铲除反对自己的人，诛杀唐朝宗室中的十几个后人。她一步一步地谋夺李唐的社稷，清除李唐的宗室，为自己的女皇之路扫除障碍。

公元690年，武则天已经六十七岁了。这一年，她改国号为周，自称圣神皇帝，正式成为我国历史上的第一位女皇帝。后来，人们都尊称她为则天皇帝。

女皇岁月

武则天在位期间，非常重视人才的选拔和任用。她通过各种考试选拔人才，并亲自考查学生，挑选能干的人才。同时，武则天在用人制度上也进行不断的改革和创新。她改革科举制度，开创殿试、武举、自举、试官等多种制度，让一大批出身寒门的学士子弟有了施展才华的机会。武则天知人善任，她的朝堂吸引了一大批君子贤臣，号称"君子满朝"，像狄仁杰这样著名的贤臣都名列其中。

有一次，武则天想建造一尊大佛，但是没有足够的钱，这该怎么办呢？武则天打算让各地的和尚和尼姑每人每天捐赠一枚铜钱，从而筹得建佛像的钱。

后来，这件事被当朝宰相狄仁杰得知。他立刻来到武则天面前，劝说道："现在有的佛院寺庙盖得很华丽，就像宫殿一样。和尚和尼姑们也经常搜刮百姓，甚至比官府还厉害。百姓们吃不饱穿不暖，有些干脆不种地了，跑去当

和尚、尼姑。长此以往，种地的人越来越少，白吃白喝的和尚、尼姑却越来越多，这对国家能有什么好处？武皇您一向重视农业生产，主张勤政爱民，建造佛像这样劳民伤财的事情一定不能做啊！"

武则天听了，极力赞同狄仁杰的说法，于是放弃了建造佛像的打算。武则天明辨是非，能虚心听取大臣们的谏言和规劝，赢得了大臣们的支持。

有一年三月，天气已慢慢转暖，可有一天却突然下起了大雪。有个官员认为这是瑞雪兆丰年，于是带领众臣到武则天面前庆贺。武则天一开始非常高兴，后来她发现有个叫王求礼的官员不但不参加庆贺，还在一旁冷笑，于是问道："王大人，你这是怎么了，一副闷闷不乐的样子？"

"启禀武皇，"王求礼答道，"现在已经是春天了，万物正在复苏。可是天气突然变冷，还下起了大雪，这显然是灾害啊，根本就不是什么吉兆！武皇您一定不要听信那些人的奉承话。"

武则天这才意识到这场雪下得确实不是时候。她随即停止庆贺活动，下旨让百姓们做好防寒防冻的准备。

武则天重用贤臣，广开言路，创造了政局稳定、人丁兴旺、经济繁荣的盛世景象。不过，武则天并非没有过错。她在位期间，掀起告密之风，还经常动用酷刑对付被告发的人。

说起这些酷刑，简直让人毛骨悚然。"请君入瓮"这个成语就源自武则天时期的一种酷刑。

有一次，一个叫周兴的酷吏被人告发，武则天就让另一个酷吏来俊臣去审讯他。来俊臣找到周兴，问道："假如犯人不招供，你说该怎么办呢？"

周兴说："这还不简单。准备一口大瓮，在底下点着木炭加热，再把犯人扔进瓮里。还有谁敢不招供呢？"

"太好了！"来俊臣十分奸诈地笑起来，马上派人抬出一口大瓮，然后对周兴说，"现在有人告你谋反，我奉旨审讯你，请你到瓮里去吧！"

周兴听了吓得浑身发抖，连忙求饶。

政变退位

武则天晚年，开始贪图享乐，宠幸身边的男侍从，尤其是张易之和张昌宗两兄弟。久病缠身的武则天长时间不能上朝，对政权的控制力逐渐下降。她把许多朝政大事都交给张氏兄弟二人去处理，结果导致这二人的权势越来越大。他们插手朝政，陷害忠臣，破坏武则天的母子、君臣关系，搅得政局混乱不堪。

公元705年，武则天病重。朝中大臣商议后决心发起政变，除掉张氏兄弟，恢复唐朝国号。大臣张柬之等人率领士兵冲进武则天的长生殿，杀死张氏兄弟，随后派兵包围武则天的寝宫。

武则天看到这些大臣们个个杀气腾腾，大为吃惊。她生气地问道："你们想要干什么？"

大臣们答道："我们已经把作恶多端的张易之和张昌宗杀了，武皇您年迈有病，不能主持朝政，应该赶紧让位给太子。"

武则天已经无力挽回局面，只能答应传位给太子李显。李显继位后，恢复了唐朝国号。同年，武则天病逝，享年八十二岁。至此，一代女皇的传奇落下帷幕。

功过是非

一代女皇武则天的统治时期长达半个世纪之久。这期间，她在政治、经济、文化、教育、外交等方面进行大力改革，显示出惊人的治国谋略和手段。例如，在称帝以后，武则天鼓励农业种植，大力发展经济；首推殿试，破格录用贤才，如名相狄仁杰、魏元忠、张柬之、姚崇等。武则天曾规定，对官员的考核标准之一就是看他们能否在任职期间

做到"田畴垦辟，家有余粮"，这大大提升了人民种植农桑的积极性，刺激了农业和手工业的大力发展，也使社会呈现出安居乐业、丁兴民旺的祥和景象。据史料统计，唐高宗时期全国户数为380万，到武则天执政的最后一年，全国户数已达到615万，几乎翻了一番。

然而，武则天在统治时期并非没有过失。武则天曾任用酷吏，实行告密和滥刑的恐怖政策，不择手段地打击自己的政治对手；培养党羽，建立宫廷奸党集团，并且打着李唐朝廷的旗号，消灭异己等。

对于武则天的功过是非，后世评价不一，有人认为她功大于过，有人认为她过大于功。然而，客观来说，武则天在中国的历史长河中占有不可磨灭的地位，虽然她的执政生涯毁誉参半，但在一定程度上推动了社会历史的发展进程。

第一，在政治改革方面，武则天严厉打击保守的门阀贵族。武则天称帝以后，把朝廷内部的异己派人物如长孙无忌、褚遂良等人一一除掉，发配至边疆地区。这样的举措起到了杀鸡儆猴的作用，大大震慑了门阀贵族及其依附者，也使得自北周以来被达官显贵统治了一个世纪之久的政治舞台被摧毁。武则天的政治改革为唐朝社会的进步和经济发展创造了一个良好的条件。

第二，在经济改革方面，武则天大力提倡"劝农桑，薄赋役"。她曾多次提出鼓励农民种植农桑，发展农业经济；对于土地兼并和逃亡的农民，采取比较宽容的政策。并且，在考查地方官员的时候，也将农事纳入考核范围。因此，在武则天统治时期，唐朝社会总体较为安定，人民安居乐业，生活富足。据统计，当时的社会人口数量呈现出很高的增长率，这与武则天的经济制度改革具有直接的关系。

第三，在文化改革方面，武则天对科举制度进行广泛而深入的改革。据史书记载，"太后颇涉文史，好雕虫之艺""太后君临天下二十余年，当时公卿百辟，无不以文章达，因循遒久，浸已成风"。具体来说，武则天对科举制度的改革主要包括以下三个方面：一是大力推广科举考试，大开制科。武则天曾亲临考场，主持考试。二是进士科和制科考试均以考策问为主。文章的好坏是录取的主要标准。

三是重用贤臣，不看门第。武则天主张从科举出身的佼佼者中选拔高级官吏，这使科举成为通往高官仕途的重要途径，从而大大刺激了文人学士参加科举考试的积极性，也刺激了普通人读书学习的热情。开元、天宝年间"父教其子，兄教其弟""五尺童子耻不言文墨焉"的社会风气就是从武则天时期开始的。正是武则天在文化方面的改革，推动了文化的全面发展。唐朝的诗词、雕塑、绘画也达到前所未有的水平。

第四，延续了贞观时期金戈铁马的尚武精神。武则天执政后，西部边陲的形势并不安宁。为了防止吐蕃以及北部的突厥和契丹士兵的入侵和骚扰，武则天采取铁腕政策，予以猛烈回击。经过多年的征战厮杀，武则天成功击退吐蕃，打通河西走廊，并收复安西四镇，在龟兹重新开设安西都护府。之后，武则天又设置了北庭都护府，用以巩固西北边防。同时，武则天还打通了一度中断的"丝绸之路"，使唐朝和中亚之间的贸易往来再度活跃起来。

总而言之，武则天在用人、处事、治国等各个方面展示出了杰出的政治才能和政治家的慷慨气魄。她的统治保持了贞观以来的辉煌，奠定了开元盛世的基础。可以说，武则天统治中国的五十年，是承上启下的五十年，它贯穿"贞观之治"和"开元盛世"两个黄金时代，把大唐帝国的综合国力提升到一个新高度。武则天的统治"上承贞观，下启开元"，因此被称为"贞观遗风"。

所谓的"贞观遗风"，一是指唐高宗在位初期的"永徽之治"被认为有贞观遗风，二是指武则天的统治被称为有贞观遗风。相比而言，唐高宗仅仅继承了贞观时期的各种政策，但没有实质性的改变，而武则天不仅继承了前期的政策，还进行了大量改革，削弱贵族势力，提拔、重用了许多中小地主出身的官吏，扩大了统治基础。武则天实际掌权半个世纪，使唐朝国力不断上升，为后来的开元盛世奠定了基础。

╱名作展示

《唐后行从图》是一幅绢本设色画，纵180厘米，横100厘米，相传为唐代宫廷画师张萱所绘，但有不少专家学者对此存疑。

《唐后行从图》采用全景式布局，描绘了武则天仪仗出游皇家御园的场景。画中的武则天宽袍大袖，头戴凤冠，衣着华丽，身边围绕着一众护卫、太监、宫女，各类官员服饰多样，且色彩鲜明，体现出了大唐盛世雍容繁丽的时代特征。

《唐后行从图》 唐·张萱（传）

李清照

姓名／李清照

号／易安居士

朝代（时期）／南宋

出生地／齐州章丘（今山东济南）

出生时间／公元 1084 年

逝世时间／约公元 1155 年

主要成就／婉约词派的代表人物之一，人称"婉约词宗"

李清照是我国宋代著名的女词人，她出生于书香门第，自幼学习吟诗作词，十几岁时便颇有才名。李清照的词，前期多描述悠闲生活，后期多感叹人世凄凉，词风独树一帜，自成一家，人称"易安体"。其词多已失散，后人辑有《漱玉集》《漱玉词》等。

 生于北宋书香门第，
少有才学，天资过人。

 与赵明诚结为夫妻，
两人收藏了大量金石文物。

 亲历金人南侵，北宋覆灭，
护送文物南逃。

 丈夫去世，颠沛流离中，
文物大多失散。

 婉约词派的代表人物之一，
人称"婉约词宗"。

童真童趣

李清照出生在一个书香门第，家境富裕，家学深厚。小时候，李清照的生活无忧无虑，除了写字画画、吟诗作词，她常常和兄弟姐妹们在章丘（今济南）城内游乐玩耍。章丘是一座历史悠久、风光秀美的古城，这里有著名的大明湖、千佛山和七十二处泉水。大明湖湖水清澈，千佛山姿态万千，七十二处泉水如喷珠吐玉一般滋润着这座古城。李清照的家就在章丘城西南方向，紧挨着著名的柳絮泉。这里是李清照和兄弟姐妹们最喜爱的"游乐场"。

一年夏天的一个下午，天气十分炎热，李清照完成母亲布置的功课后，想出去玩一会儿。于是，她走过去对姐姐和弟弟说："我想出去玩一会儿！你们说今天咱们玩什么好呢？"

弟弟听了非常高兴，边跳边欢呼着："太好了！咱们就去玩捉迷藏吧！我一定能很快把你们找出来。"

李清照听了，笑着摇摇头。

姐姐知道李清照不喜欢捉迷藏，于是出了个主意，说："那咱们就去后花园里荡秋千吧，你不是最喜欢荡秋千吗？而且每次都荡得又高又稳。"

可是，李清照还是一直摇头。

"那你说，咱们到底去玩什么？"姐姐和弟弟急忙问道。

李清照没有回答，而是拿出纸和笔，写下四个字：划船游湖。姐姐和弟弟一看，都觉得这的确是个好主意，高兴地欢呼起来。他们和李清照一起来到母亲面前，征得母亲的同意后，三个人就像飞出笼子的小鸟一样，手拉着手欢快地跑了出去。他们来到柳絮泉边，登上一艘停靠在岸边的游船。

"开船啦——"弟弟兴奋地喊道。李清照和姐姐奋力地划着船，沿着堤岸向前驶去。柳絮泉原本是个天然池塘，池水清澈见底，周围布满形状各异的石头。水面上空气清新，景色怡人。他们都被眼前的美景吸引住，划着划着就来到泉水的中央，根本听不见岸边丫鬟们的劝阻。后来，太阳落山，天色渐渐暗淡下来。姐姐心想，是时候回家了。可正当她准备开口催促李清照回家时，忽然发现妹妹正对着泉水中的怪石发呆，于是问道："妹妹，你在想什么呢？"

"姐姐，我在给这些石头起名字呢。"李清照回答，"你

们看，这块石头像不像天上的仙女？咱们就叫它'怪女石'吧！"

"哦，你们看，那边有块石头像不像一只大钟，该给它起个什么名字呢？"弟弟侧着头问道。

"不如就叫它'金钟石'吧！"李清照随口说道。

就这样，姐弟三人忘了回家的时间，只顾着给泉石起名字。这些石头有的叫"老寿星"，有的叫"小骆驼"。石头数不完，名字也起不完。等天色彻底黑了，姐姐才惊呼起来："啊！天都黑啦！咱们赶紧回家吧！再晚了，就找不到回家的方向了。"

"是呀！我好害怕！姐姐，咱们赶紧回家吧，快走吧！"弟弟焦急地说道。

眼看天色越来越黑，李清照也担心起来。她配合着姐姐奋力地划着船。谁知越着急，船桨越不听话，他们的小船竟然闯进一片荷花丛中，惊动了里面的水鸟。只见它们扑棱着翅膀，全都飞走了。姐姐和弟弟都吓坏了，只有李清照一点都不害怕。

后来，李清照还写了一首小词，有人认为就是专门记录这次童年趣事的。这首词就是《如梦令·常记溪亭日暮》：

常记溪亭日暮，沉醉不知归路。

兴尽晚回舟，误入藕花深处。

争渡，争渡，惊起一滩鸥鹭。

才华展露

李清照的父亲李格非是知名学者，学识广博，藏书无数。母亲也是书香名门之后，文学修养极高。在父母的教导和熏陶下，李清照很小就喜爱诗词歌赋，并阅读了大量的文学著作，打下坚实的文学基础。在写诗填词方面，李清照表现出不凡的天资。到了十五六岁，李清照更加迷恋古文诗词。她整天手不释卷，一有工夫就阅读古代大家的诗词，而且还把它们都抄诵下来。

有一年，李清照的父亲李格非被派往京城做官。为了继续教育女儿，他将李清照也带在身边。有一天，李格非与几位好友相邀去匡山游玩。回来后，他拿出一首诗对李清照说："女儿，这是我的好友张文潜写的诗，大家都说写得非常好，你拿去读一读。他可是当今有名的大诗人，你一定要多向他学习。"

李清照接过诗稿后，认认真真地读起来。她发现，这首诗语言气派，内容丰富，描述了唐朝的盛世景象，确实是一首好诗，值得自己好好学习。不过，等李清照反反复复读了几遍之后，她对这首诗的理解慢慢地发生改变。她觉得，这首诗只歌颂了唐朝的繁荣昌盛，却忽略了唐朝后期君臣腐败等问题。于是，她按照张文潜原诗的形式，补充了两首和诗，以表达自己的一些看法。

后来，李格非和朋友在家中聚会。大家一边畅饮一边讨论诗词歌赋，气氛相当活跃。李清照也被允许坐在一旁，听取各位长辈的观点和看法。这时，有个客人对李格非说："格非兄是当今著名的学者和才子，想必您的女儿也继承了您的学识，一定能吟诗作词。今天大家兴致正好，为何不请她也展露一下才华呢？"

李格非听了回答说："那好吧！今天就让小女把她最近写好的诗文拿出来，请各位文友评阅，多多提出宝贵意见。"

李清照不好推脱，只得按照父亲说的，把她写好的诗文拿出来。这两首正是张文潜那首诗的和诗。客人们传阅后纷纷表示赞叹："真是一位才女啊！小小年纪，就对诗文有了如此深刻的见解，而且敢于指出名家作品中的问题，真是令人佩服！"

"是呀，这两首和诗用词精当，妙不可言，根本看不出来出自不同人之手。"

听到宾客们对女儿如此赞赏，李格非真是开心极了。

从此以后，他经常和女儿一起研读诗书，更加注重对女儿的培养。

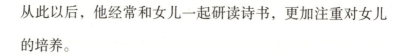

琴瑟和弦

1101年，十八岁的李清照与时年二十一岁的太学生赵明诚结了婚。李清照夫妇都是高官名门之后，从小受过良好的教育，因此，两人在许多方面都志趣相投。李清照喜欢写诗作词，赵明诚也对诗文颇有见解，而且还特别喜爱收藏金石文物。夫妇二人情投意合，相敬如宾，留下了不少佳话。

当时，赵明诚在外读书求官，每月只有初一、十五才能告假与妻子团聚。有时候，李清照写好一篇诗词后想让丈夫评价一下，就会把诗文寄给丈夫。据说，李清照为了抒发自己的相思情怀，写了一首词《醉花阴》：

薄雾浓云愁永昼，瑞脑消金兽。佳节又重阳，玉枕纱厨，半夜凉初透。

东篱把酒黄昏后，有暗香盈袖。莫道不销魂，帘卷西风，人比黄花瘦。

之后，李清照就把这首词寄给丈夫。赵明诚收到后对这首词赞叹不已，自愧自己的文采不如妻子。可是他又不甘落后，于是闭门谢客，苦思冥想了多日，终于完成了一首自认为不错的词作。他将李清照的《醉花阴》夹杂在其中，然后请自己的好朋友陆德夫进行评论。

陆德夫细细品味后说："这首词只有三句写得非常好！"

"哪三句？"赵明诚迫不及待地问。

"莫道不销魂，帘卷西风，人比黄花瘦。"陆德夫回答说。

这三句正是李清照写的。这样一来，赵明诚对妻子的才学更是心服口服了。李清照用词清丽婉约，自然巧妙，情感真挚细腻，确实高人一筹。

之后，赵明诚常常找机会与妻子切磋学问。每当深夜

来临时，李清照喜欢点亮一支蜡烛。蜡烛不灭，她和丈夫的讨论就不会结束。有时候，夫妇二人还会做一些与诗文相关的小游戏，例如"赌茶"。首先，由一个人说一句诗文，然后对方要快速地说出这句诗文出自哪本书、哪一卷、哪一页、哪一行。回答正确的一方可以先喝一杯茶，回答错了就要承认自己读书不够专心。李清照自幼才学过人，而且过目不忘，因此在"赌茶"游戏中常常获胜。

李清照夫妇二人虽然都是富贵子弟，可是向来勤俭持家。刚结婚的时候，赵明诚还在太学读书，没有固定的经济收入，于是李清照便常去当铺当一些衣物，换些钱，然后买来丈夫喜爱的碑文和字画，与他共同赏玩。后来，赵明诚做了官，有了固定的俸禄。但是，夫妇二人依然过着俭朴的生活，把大部分的钱财都用来收藏书画和金石了。

有一次，他们用积攒了三个月的钱，买了一幅东晋大书法家王羲之的墨宝。没过一段时间，又有人拿来一幅古画找上门。卖画的人说："这是五代南唐大画家徐熙的一幅《牡丹图》。我听说你们非常喜欢收藏名人字画，对这些字画也颇有研究，今天，我也想把这幅佳作卖给能欣赏它的人。"

李清照和赵明诚走上前，小心翼翼地展开古画，仔细鉴赏每一处墨迹，最终断定这幅画确实是出自徐熙之手。

画中的牡丹形态各异，姿态万千，花瓣艳丽逼真，茎叶翠绿欲滴。而且，花瓣上的露珠晶莹剔透，就好像真的在滚动似的；空中飞舞的蝴蝶，就好像真的在翩翩起舞似的。

夫妇二人越看越喜欢，于是问那个卖画的人："这幅画的确是难得的真迹。不知道你打算卖多少钱呢？"

"二十万钱！"卖画人直截了当地回答。

"二十万？这太贵了，能不能少一些呢？"

"不行，少一分我也不会卖的。"

李清照和赵明诚互相对望一眼，然后先请那个卖画的人住在家里，等他们商量好了再做决定。晚上，夫妇二人商议起来。李清照说："这幅《牡丹图》确实不错，但是价钱太高了。"

"是啊，我们哪有这二十万钱啊？"赵明诚无奈地说。

"我先算一算。"李清照说着拿出纸笔，把家里能卖的物品都核算了一下，还是凑不够那笔钱，只得叹了口气。

"那就不买了！"赵明诚沮丧地说。

第二天，他们把决定告诉那个卖画人，然后送走了他。为此，夫妇二人惆怅惋惜了好长一段时间。

颠沛流离

1126年，李清照四十二岁。此时，赵明诚正在淄州（今山东淄博）做官。在这之前，李清照每天以读书为乐，创作了许多诗词名篇，还和丈夫一起收藏了大量的书籍和金石字画，并且正在编著一部有关古代历史文物的著作——《金石录》。不料，这样平静的生活被后来发生的一场战争打破了。

1127年，金人大举南侵，北方和中原地区狼烟四起，淄州也没能幸免。

有一天，赵明诚从外面神色匆匆地赶回家中。李清照见他如此慌张，猜测一定是出了什么大事，于是急忙问道："你怎么了？为什么神情如此慌张？有什么不好的消息吗？"

"是呀，战争愈演愈烈。"赵明诚担忧地说，"现在，徽宗、钦宗父子都被金人俘获（即"靖康之耻"），大宋面临着崩溃的险境啊！"

"怎么连皇帝都被金兵俘虏了呢？那些文武百官都是干什么的？"李清照气愤地说。

赵明诚长长叹了一口气，说道："事到如今，说这些还有什么用呢。我听说，康王赵构早就带着侍从，逃往南方地区了。"

"那我们怎么办?"

"咱们也不能在这里久留,得赶紧逃到南方去。"

"可是,咱们这些金石、玉器、字画怎么办?"李清照指着满屋子的珍贵宝物,忧虑地说道。夫妇二人当时收藏来的文物已经有二十多间屋子,几乎花费了他们一生的财富和心血。

"只能设法转移!你在家赶紧把这些东西装箱整理好,等时机一到,咱们就带着它们一起逃往南方。"赵明诚果断地回答。

从此以后,李清照每天都感到惶恐不安,同时和丈夫一起收拾、整理满屋子的金石字画。他们小心翼翼地将这些文物包起来,然后装入箱子。

没过多久,赵明诚的母亲病逝,他急忙赶回家乡江宁(今江苏南京)为老母奔丧。李清照则在家看守着整理好的文物。

北方的局势愈来愈紧张了。八月,赵明诚出任江宁府知府,兼江东经制副使。得知此事后,李清照带着几十车书籍器物南下,逃往江宁。

然而,在途经镇江时,城内发生战乱,镇江守臣钱伯言弃城而去,而李清照却以其大智大勇在兵荒马乱中将这批稀世之宝保全下来,于次年春天抵达了江宁。

抵达江宁一年后，江宁发生内乱，赵明诚罢守江宁，弃城而逃。李清照为丈夫的临阵脱逃感到羞愧，虽然并无争吵，但往昔的鱼水和谐已经一去不返，她从此冷淡疏远了赵明诚。

三月，赵明诚与李清照乘舟路过乌江楚霸王自刎处，李清照有感而发，写下一首《夏日绝句》：

生当作人杰，死亦为鬼雄。

至今思项羽，不肯过江东。

在这首诗中，李清照表达了自己对古代大英雄项羽的钦佩，赞颂了项羽至死不服输的精神，讽刺了贪生怕死的当朝统治者，以及临阵脱逃的丈夫。

后来，李清照又跟随赵明诚逃亡到池阳。这时，南宋高宗皇帝突然颁下一道圣旨，召赵明诚入朝为官，并封他为湖州知府，还命他即刻前往建康拜见皇帝。李清照只能留在池阳，等着赵明诚的消息。

有一天，李清照正在给赵明诚写信，她的丫鬟满脸喜悦地走进来，说道："夫人，老爷派人送信回来了！"

"快让他进来！"李清照急忙说，然后起身迎接送信的人。

"老爷身体可好？"李清照一看见送信人，就立刻问道。

"启禀夫人，老爷身体欠安，特意派我来给您送家信。"

"啊！老爷到底得了什么病？"

"您还是自己看吧，老爷在信中把情况都说明了。"

李清照接过信打开一看，脸色骤然沉下来。原来，赵明诚在前往建康的途中，不幸感染了疟疾，一病不起。李清照连夜乘船赶到建康，而此时的赵明诚已经骨瘦如柴，病入膏肓了。没过几天，赵明诚就去世了。

晚年凄凉

赵明诚的去世，对李清照来说是个巨大的打击，她大病了一场，变得更加憔悴。然而，李清照并没有因此消沉下去，她还有自己的使命，她要将赵明诚所遗留的文物书籍保存下来。

当时，赵明诚的妹夫担任兵部侍郎，正在洪州（今江西南昌），李清照便派人运送行李去投奔他。然而没过多久，洪州就被金人攻陷了，金石古籍也在战乱中遗失了一部分。李清照只好带着剩下的一部分仓皇南逃，去投靠自己的弟弟李远。可身处乱世之中，李远也没办法保古籍周全，李清照便决定追随帝踪，将古籍交由朝廷保管。

1131年，李清照到达浙江绍兴，居住在乡民家中。三月的一天，没想到只一夜之间，古籍就被盗走了。她悲痛

不已，立赏收赎，可毫无音讯。至此，所有金石古籍大都散失了。

　　这件事给李清照带来的打击同样是巨大的，这让李清照原本就颠沛流离的逃亡生活更加绝望。李清照陷入了走投无路的绝境，她常常一个人神情黯淡地望着窗外，好像在寻找什么，却怎么也找不到。遇到秋雨潇潇的时候，李清照对丈夫的思念就会更加浓烈。后来，为了寄托哀思，她写了一首词《声声慢》：

　　　　寻寻觅觅，冷冷清清，凄凄惨惨戚戚。乍暖

还寒时候，最难将息。三杯两盏淡酒，怎敌他、晚来风急！雁过也，正伤心，却是旧时相识。

满地黄花堆积，憔悴损，如今有谁堪摘？守着窗儿，独自怎生得黑！梧桐更兼细雨，到黄昏、点点滴滴。这次第，怎一个愁字了得！

《声声慢》是李清照的代表作之一，这首词描述了战乱时期李清照凄风冷雨般的生活，诉说了她对丈夫的思念，以及对国破家亡和背井离乡的愁苦之情。

孤独无依之中，李清照改嫁给了一个叫张汝舟的文人。可是，不幸的是，张汝舟并不是什么正人君子，不但学识上不如赵明诚，还经常贪污行贿。在国家危亡之际，张汝舟为了个人私欲，利用职权谎报军情，贪污了大笔军饷。除此之外，张汝舟还时常打骂李清照。

李清照满腔正气，一身铮铮傲骨，怎能忍受这样一个人。她宁愿自己孤独终老，也不想和这种人同流合污。于是，她上书揭发张汝舟的罪行，并毅然决然地离开了他。

从此，李清照独自过着清心寡欲的生活，直到她离开人世。

主要成就及影响

　　李清照是我国古代文学史上少有的女作家，她在文学方面，尤其是写词方面，取得了非凡的成就，被誉为古代四大才女之一。她创作的词多描写闺中思妇及抒发国破家亡之情，语言凄美婉约，感情真挚，充斥着深深的愁丝。一句"莫道不销魂，帘卷西风，人比黄花瘦"，让世代无数读者为之深深感慨。

　　同时，李清照的词体现出的爱国思想，具有积极的社会意义。这些词表明了李清照的爱国思想，也从侧面展现出中国古代广大妇女追求男女平等、关心国事、热爱祖国的强烈情感。李清照不仅开启了女作家爱国主义创作的先河，也为后世留下一个女性爱国的光辉典范，对后世产生了积极深远的影响。

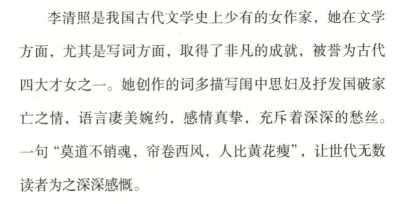

╱作品欣赏

武陵春

风住尘香花已尽，日晚倦梳头。物是人非事事休，欲语泪先流。

闻说双溪春尚好，也拟泛轻舟。只恐双溪舴艋舟，载不动许多愁。

译文： 恼人的风雨终于停歇了，可枝头的花朵都已落尽，只有沾花的尘土犹自散发着微微的香气。日头已经升得很高，我却仍无心梳洗打扮。眼前的景物依旧，人却不再是当年的人了，一切事情都已经结束了。我想要倾诉，可还没有开口，眼泪就落了下来。

听人说双溪的春色还不错，那我就去那里划划船，姑且散散心吧。唉，我真担心啊，双溪那叶单薄的小船，怕是载不动我内心沉重的忧愁啊！

梁红玉

姓名 / 梁红玉

朝代（时期） / 南宋

出生地 / 楚州（今江苏淮安）

出生时间 / 不详

逝世时间 / 不详

主要成就 / 曾辅佐丈夫韩世忠将军抗金，为南宋朝廷立下赫赫战功

梁 红玉出生于武将世家，自幼习武，熟读兵书，具有杰出的军事战略才能。长大后，梁红玉与名将韩世忠结为夫妇，长期活跃在抗金前线，多次获得朝廷的封赏。梁红玉胸怀精忠报国之志，以巾帼不让须眉的气概，赢得了世世代代的敬仰。

 生于北宋，自幼随父习武，
研读兵书，立志报国。

 与大将韩世忠结为夫妻，
常常随军出征。

 飞马传诏，与韩世忠配合
平息军事叛乱。

 金山击鼓退金兵，
以少战多，阻击金兵四十八天。

 驻守楚州，百废俱兴，
使楚州再次成为一方重镇。

英雄与美人

梁红玉生于楚州，祖父和父亲都是武将出身。小时候，梁红玉常常跟随父亲练习武艺，研读兵书，立志要像父亲一样保家卫国。因此，梁红玉从小就跟别的女孩不一样。她身手不凡，才思敏捷，胸怀大志，注定将来成为一位不平凡的人物。

然而，天将降大任于斯人也，必先苦其心志。宋徽宗宣和年间，蔡京、童贯等贪官不加节制地压榨人民，赋役繁重，致使很多人都去当了强盗。1120年，睦州青溪人方腊率众起义，迅速发展成了几十万人的大军，连陷州郡，官军屡次征讨失败，梁红玉的祖父和父亲也都在平定方腊之乱的战斗中，因为贻误战机，战败获罪被杀。梁家由此中落，梁红玉也沦落为京口营妓，即由各州县官府管理的官妓。

尽管如此，梁红玉也始终不忘研读兵书，钻研打胜仗的方法。她精通翰墨，能舞剑走绳，又生有神力，能挽强弓，每发必中，对那些纨绔子弟也多以白眼相待，毫无娟家气息。

后来，梁红玉结识了大将韩世忠。那时，韩世忠刚随军平定了叛乱，军中大摆庆功宴，还召来了一些歌妓起舞助兴，梁红玉便在其中。庆功宴上，众多将领大吹大擂，欢呼畅饮，唯有韩世忠独自一人正襟危坐，引起了梁红玉的注意，而韩世忠的目光也早被梁红玉那飒爽英姿，不落俗媚的神气所吸引，两人互相有了好感。

此后，两人渐渐熟识。韩世忠知道梁红玉不仅有一身好武艺，而且熟悉兵法后，不由得连连赞叹，在得知梁红玉的身世后，又心生怜悯，对她关爱有加。梁红玉也对这位身材魁梧，武艺高强，为人耿直，乐于助人的英雄心生好感，她知道韩世忠家境并不富裕，于是常常省吃俭用，好存些钱买衣服送给他。

英雄爱美人，美人惜英雄，梁红玉和韩世忠之间的感情越来越深。后来，梁红玉以身相许，与韩世忠结为了夫妻。

当时，将军出外带兵打仗，将军的妻子一般都是守在家里，不会跟随丈夫在战场上奔波。可梁红玉哪是一般人，她时刻跟随在韩世忠的身边，军队走到哪里，她就随军走到哪里。而且在随军打仗时，梁红玉还常常为丈夫出谋划策，助他攻城拔寨，就这样，既帮了丈夫，也实现了她小时候的愿望。

在梁红玉的悉心辅佐下，韩世忠的指挥作战能力日渐提升，军队实力也越来越强，屡建战功，韩世忠和梁红玉也都被朝廷册封，成了响当当的大宋将领。

飞马传诏

靖康之耻后，北宋灭亡。1127年，宋徽宗第九子赵构在南京应天府（今河南商丘）即位为宋高宗，建立南宋。1129年，金军继续大举南侵，宋高宗为了自保，仓皇逃往江浙一带，最终到达临安。这时，临安城内发生了一件大事，御营统制苗傅与威州刺史刘正彦拥兵自重，发动了一场军事政变。他们杀死了主管军事的大臣王渊，分头捕杀了宦官康履等人，并强迫宋高宗让出皇位，传位给皇子赵旉（fū）。当时赵旉还年幼，因此他们要求由隆祐太后垂帘听政。

这次政变发生的时候，梁红玉和她的儿子恰在临安城

内，也被叛军扣押了。韩世忠听说苗傅和刘正彦趁金国入侵之际发动内乱，还扣押了自己的妻儿后，非常气愤，于是决定联合其他将领，率兵讨伐苗傅和刘正彦。

苗傅和刘正彦自知不是韩世忠的对手，于是四处放话，如果韩世忠继续进兵，就杀掉他的妻儿。宰相朱胜非听说这个消息后，决定将计就计，暗中化解这场政变。他对苗傅说："韩世忠岂是贪生怕死之辈。你们这样以他的妻儿性命相要挟，反而会刺激他快速出兵。韩世忠的军队一到临安，你们可就要遭殃了。"

"那你说我们该怎么办？"苗傅问道。

朱胜非接着不紧不慢地说道："韩世忠听到事变后，没有立即出兵，说明他此时还在犹豫。如果这个时候你能派他的妻子梁红玉去劝说韩世忠，让他投奔你，那么你们的军队实力将大增，就再无后顾之忧了。"

苗傅和刘正彦都是有勇无谋之人，他们认为朱胜非说得对，于是让太后下旨，封梁红玉为安国夫人，让她出城去劝说自己的丈夫罢兵。当梁红玉听罢宦官宣读的旨意，得知要自己去劝说丈夫投降后，连接都没接。

后来，朱胜非私下里约见梁红玉，告诉她这只是一个计谋，派梁红玉出城名义上是去劝降，实际上是帮助她摆脱危机，并让韩世忠尽早出兵。梁红玉这才明白过来，于是说道："那我一定完成任务。为了平定叛乱，不管冒多大的风险我都去！"

就这样，梁红玉答应了苗傅和刘正彦的要求，当即回家抱上儿子，骑上一匹快马，离开临安，飞奔到韩世忠的大营。

韩世忠担心妻儿的安危，正犹豫着要不要出兵。当他看到妻儿平安无恙时，心中的石头终于落了地。梁红玉向丈夫说了朱胜非的计划，韩世忠听后极为赞许。之后他联合其他几位将军，很快便率军来到了临安城下。苗傅和刘正彦的军队根本没有抵抗能力，几个回合下来，就被韩世忠的大军打得落花流水。苗傅和刘正彦自知大事不妙，企图连夜逃跑。不料，韩世忠穷追不舍，最终将他们抓住杀死。

就这样，一场军事叛乱被韩世忠夫妇平定了。宋高宗喜出望外，亲自到宫门口迎接他们夫妇，封韩世忠为武胜军节度使，封梁红玉为护国夫人。

金山击鼓退金兵

1129年，金军再度南侵，金军主帅兀术（wù zhú）率兵长驱直下，攻入江浙地区，烧杀抢掠一阵以后，开始向北撤退。当金军撤到长江沿线一带时，遭到了韩世忠的伏击，金军大败。

当时，金兀术率领的金军号称有十万人，而韩世忠手下的宋军只有八千人，在这样敌我差距悬殊的情况下，金兀术居然败了，他很生气，便向韩世忠下了战书。

开战前一晚，韩世忠盯着地形图思考排兵布阵之法，梁红玉看见后提议说："现在敌多我少，如果双方直接正面交战，我方的胜算非常小。因此，明天一战只能智取，不能强攻。"

韩世忠知道，梁红玉此时已经有了对策，便道："夫人有何妙计？"

梁红玉说："依我之见，明天我们兵分两路，我用'火箭'阻击金军，你率兵在两侧追击。到时候我在船楼上击鼓挥旗，你看我的旗号行事。"

第二天，梁红玉身披战袍，英姿飒爽，威严地坐在船楼上亲自指挥作战。她手握鼓槌，神情镇定，英气逼人。金兀术见宋军船楼上是一位女将，不禁轻视起来，认为女子不懂用兵打仗之术。不料，此时突然传来一阵炮响，紧接着箭如雨下，两岸碎石重重地砸向金军船队。金兀术急忙下令转舵，打算从东面突围，梁红玉立刻将令旗挥向东边，并亲自擂响战鼓，宋军将士们士气大增，冒死拼杀。金兀术又急忙下令转向西面，梁红玉则将令旗挥向西边，早已在西边埋伏的宋军将士便冲杀出来，截住了金兵。最终，金兵被打得晕头转向，溃不成军。

这就是著名的"梁红玉金山击鼓退金兵"的故事，在这场战斗中，梁红玉和韩世忠仅以八千宋军大破十万金军，可以说是历史上一场战绩辉煌的大胜仗。

但是，这场战斗最终并没有将金军全部歼灭。金军溃败后由于不熟悉地形，被宋军逼入了黄天荡死港。此时本应是消灭金军的最佳时机，然而，由于韩世忠和梁红玉的

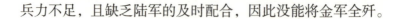

兵力不足，且缺乏陆军的及时配合，因此没能将金军全歼。

后来，金军趁机凿通湮塞已久的老鹳河故道，打算撤向建康。谁料，金军在撤退途中又遭遇岳飞的阻击，不得已只能折回长江继续北渡。这时，韩世忠已经做好迎战准备，决定兵分两路，利用宋军海舰多、体型大、攻力强等优势，将金军一举歼灭。

开战当日，只见宋军战船乘风扬帆，往来如飞，居高临下，宋军用大钩钩住敌船一舷，使劲一拽，敌船便随之倾覆。这次战役，韩世忠率领的宋军再次获得大胜。

接连的胜利让韩世忠滋生了骄傲自满的情绪。他认为金军不习水战，于是逐渐有些大意起来。在后来的战斗中，金军趁无风之时向宋军发动总攻。他们用小舟纵火，用火箭射击宋军的舰船，宋军的海船还没来得及反应，就都成了金军火箭的靶子，顷刻之间被大火吞噬，许多将士也在此次战斗中牺牲。韩世忠只得败回镇江，金军则成功突围。

从战术上讲，黄天荡之战因为韩世忠的轻敌大意，以宋军的溃败而告终。但从战略上来说，韩世忠以少战多，阻击金兵长达四十八天之久，使得金兵撤回北方后不敢再有向南侵犯的企图，已经达到了击退金兵的战略目的。

话虽如此，梁红玉却不这么认为，她不但没有替丈夫韩世忠请赏，反而因为没能完全歼灭金军感到非常后悔。

为了这件事，梁红玉还亲自上书皇上，请求朝廷"加罪"：
"这次战役虽然打了胜仗，但是韩世忠有所失职，最终让金军侥幸逃脱，实在是不应该。请圣上严厉处罚他。"

梁红玉这一大义凛然的做法，令文武百官和百姓钦佩不已，一时被传为佳话。朝廷因此再次加封她为杨国夫人。

重建楚州

几年之后，宋金之间的形势变得更加紧张。为了阻止金军南下，韩世忠主动上书朝廷，请求率兵渡过长江一线，在楚州驻扎下来，负责抵御金兵。

楚州是梁红玉的故乡，她无时无刻不在怀念这里的一草一木。现在重回故土，她非常高兴。但是，一到达楚州，她又黯然神伤起来。原来，这些年战火纷飞，楚州早已不是当初的模样。这里到处是残垣断壁、荆棘野草和流离失所的穷人，田地里没有庄稼，衙门里没有官员，街道上空旷萧条，没有一点生机。在这么荒凉的地方，军队要怎么驻扎下来呢？

经过仔细商议，韩世忠和梁红玉决定先建立一个管理地方的官府，由军队派人主持。之后，韩世忠派士兵们买来种子和耕牛，开始在田里耕种。梁红玉则带头指导大家

如何把这些荆条和茅草织成顶帘，搭建成简易的房屋。

这样一来，粮食和住所的问题就解决了。韩世忠又把流浪在外的人们召集回来，让他们恢复生产，安居乐业。

由于韩世忠、梁红玉身先士卒，和将士们一起劳动，从不喊苦喊累，使得将士们都乐于效命。就这样，经过苦心经营，楚州恢复了往日生机，又成了一方重镇。韩世忠夫妇驻守此地多年，虽仅率军三万，金人却始终不敢来犯。

与世长辞

1140年，南宋投降派得到了宋高宗的支持，向金国求和。韩世忠虽然被加封为枢密使，权力跟宰相差不多，实际上是被夺去了兵权。

1142年，抗金名将岳飞父子含冤被斩，韩世忠夫妇眼见大好的抗金形势白白丧失，自己又无能为力，于是愤然辞官归隐，养花种瓜，安享晚年。

1151年，韩世忠与世长辞，而后不到两年，梁红玉也抑郁而终。她去世后，被朝廷赠为邠（bīn）国夫人。

/知识链接

韩世忠

韩世忠，字良臣，号清凉居士，延安府绥德军（今陕西省榆林市绥德县）人，南宋名将、词人，抗金英雄，与岳飞、张俊、刘光世合称"南宋中兴四将"。

韩世忠自幼习武，英勇过人，十五岁便应征入伍。在战场上，他作战英勇，处事公道，赢得了众将士的尊敬，后被封为进武副尉。

1120年，方腊起义。次年，韩世忠以偏将身份随军出征，大败起义军，而后直抵对方大营，生擒方腊，被升任为承节郎。

1129年，金军元帅完颜宗弼率领十万大军南侵，韩世忠临危受命，负责防守镇江。三月，韩世忠在金山龙王庙设伏，几乎擒获了完颜宗弼。完颜宗弼不服，向韩世忠下了战书，约期会战。韩世忠抓住金军不擅水战的弱点，封锁长江，几次大败金军。完颜宗弼不敢再战，率军退到黄天荡，企图渡江北逃，结果被韩世忠以八千人马围困了长达四十八天之久。

韩世忠在抗金过程中立下战功无数，一路加官晋爵，到1140年时，韩世忠已官至太保，兼河南、河北诸路招讨使，封爵英国公。可即便如此，在主和派得到宋高宗的支持后，韩世忠还是被剥夺了兵权。

1142年，韩世忠眼见抗金名将岳飞父子含冤被斩，大好的抗金形势白白丧失，自己又无能为力，于是愤然辞官归隐。

1151年，韩世忠病故于临安，获赠太师、通义郡王，位列三公之首。后又被追赐谥号为"忠武"，追封为蕲王，位列南宋异姓七王之一。

姓名 / 黄道婆

朝代（时期）/ 宋末元初

出生地 / 松江府乌泥泾（今上海华泾镇）

出生时间 / 不详

逝世时间 / 不详

主要成就 / 不断钻研、革新纺织工具，为我国棉纺织业的发展作出了
突出贡献

黄道婆是我国宋末元初时期著名的女纺织家和技术革新家，她早年流落到崖州地区，向当地黎族人民学习了先进的纺织技术，并总结经验，积极改进和推广新的纺织技术和纺织工具，对长江流域棉纺织业和棉花种植业的发展起到了至关重要的作用，被尊称为"布业始祖"。

 生于宋元之际，幼时被家人卖掉，成为童养媳。

 缺衣少食，备受凌辱，决心深夜出逃。

 落脚崖州，拜师学习棉纺技术，成为纺织家。

 返乡传艺，不断创新，发明新式纺织工具。

 促使松江、太仓、苏杭等地的棉纺织业蓬勃发展。

深夜出逃

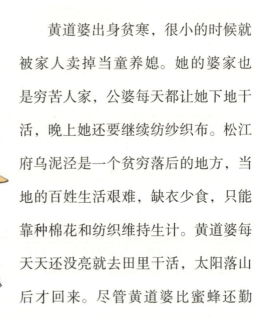

黄道婆出身贫寒，很小的时候就被家人卖掉当童养媳。她的婆家也是穷苦人家，公婆每天都让她下地干活，晚上她还要继续纺纱织布。松江府乌泥泾是一个贫穷落后的地方，当地的百姓生活艰难，缺衣少食，只能靠种棉花和纺织维持生计。黄道婆每天天还没亮就去田里干活，太阳落山后才回来。尽管黄道婆比蜜蜂还勤快，整日像牛马一样辛勤劳作，可凶狠的公婆并不满意，他们经常不问缘由就任意打骂黄道婆。她的丈夫也从不劝阻，有时候还和公婆一起毒打黄道婆。

在一个寒冷的冬天，窗外北风呼啸，大雪纷飞。黄道婆只穿着一件破旧的单衣，冻得直发抖，而她的婆婆和丈夫都穿上了厚厚的棉衣。于是，黄道婆小心翼翼地来到婆婆面前，乞求道："婆婆，天实在是太冷了，我冻得都快受不了了。您能不能把我身上这件单衣改成棉衣啊？"

婆婆生气地瞪了她一眼，然后恶狠狠地说道："哼！你活儿都没干完，还想做棉衣穿。没看到这里有两大筐棉花吗？这些棉花要剥了棉籽，纺成线之后才能做衣服。"

"可是，这么多的棉花，我一个人怎么剥得完，就算一家人一起剥，也得用上一两个月的时间啊！"

"那你就白天剥、晚上剥，不吃不睡总有剥完的时候。不要偷懒了，赶紧去剥棉籽！"婆婆严声命令着。

于是，黄道婆忍受着饥饿与寒冷，一个人坐在柴房里剥起棉籽来。她不停地剥呀剥呀，手指不一会儿就冻僵了，身体冻得直打哆嗦。再后来，黄道婆实在是累得剥不动了，突然眼前一黑，昏倒在地上。

后来，婆婆进来看她倒在地上，非常生气，上前边打边骂："你这个小贱人，不好好干活，竟然睡起大觉来了！"

黄道婆昏昏沉沉中听见婆婆的喊叫声，吓得浑身发抖。她刚想起身继续剥棉籽，只见丈夫拎着一根粗棍子气冲冲地走进来。还没等黄道婆开口说话，丈夫就挥起棍子打了起来。这时，黄道婆才清醒了一些。她意识到，自己刚才昏倒错过做饭的时间，惹怒了丈夫。于是，她赶紧躲闪着求饶说："我刚才实在是又冷又累才晕倒的。我不是故意偷懒的。"

"你还敢嘴硬！今天非要好好教训你一顿，你才能长记性。"公婆丝毫没有阻拦的意思，反而在一旁扬声大骂。面黄肌瘦的黄道婆哪能经受得住木棍的打击，没一会儿工夫，

就被丈夫打晕过去。

当她再次醒来时，发现天色已黑，柴房的门被上了锁。在又黑又臭的柴房里，黄道婆暗自流泪，伤心欲绝。她望着外面的夜空，心想："这样当牛做马的日子什么时候才能结束啊！活在这世上受罪，还不如死了，一了百了！"

可她又转念一想："我为什么要为这些无情无义的人毁了自己。他们以为把我关在这里，我就一辈子出不去了吗。我今天就要逃出去，逃离这悲惨的生活。我还年轻，只要活着，以后就会好起来！"

在这种精神的支撑下，黄道婆晃晃悠悠站起身来。她四处摸索着，寻找能够逃走的出口。不一会儿，她在角落里摸到一把柴刀。随后，她拿着柴刀在墙角用力地挖起来。半夜时分，墙下的洞口终于挖通了，黄道婆悄悄地钻出柴房。

冬夜里，寒风刺骨，黄道婆拖着虚弱的身体艰难地向前走着。她不敢回头，不敢停歇，一路上深一脚、浅一脚地走着，走着……终于，她远离了公婆的家。确认他们不会追上来了，黄道婆坐在路边的石头上，稍微松了口气。她在心里打算着，明天一早就去江边坐船，哪怕是到天涯海角，也要逃离这暗无天日的生活。

落脚崖州

黎明时分，黄道婆就已经来到黄浦江边，江边停泊着等待出海的船只。不久一艘商船靠了岸。趁着朦胧的夜色和弥漫的海雾，黄道婆偷偷躲进这艘船的船舱里。她实在是太累了，钻进船舱后就再也没有力气了，她蜷坐在角落里，昏昏沉沉地睡着了。

她再次醒来时，鲜红的太阳已经升起，朝霞染红了远处的天空和海面。船工们齐声喊着口号、掌着舵、驾着船

向吴淞口驶去。清晰嘹亮的口号声惊醒了黄道婆，她慢慢地爬起来，走到甲板上。船工们看见这个妇人披头散发，穿着一件破旧的单衣，身上布满了一道道伤痕，都非常吃惊。他们立刻围上来，询问黄道婆的身世。黄道婆一边哭，一边讲起自己的悲惨遭遇。

船工们看她这么可怜，个个都心生同情。其中，一位岁数大一点的船工问道："你现在逃出来，孤苦无依，打算到哪里立足为生呢？"

"我也不知道。眼下我只想赶紧离开这个地方，还没有做太多的打算。只要能找个落脚的地方，我就能靠劳动养活自己。什么农活、家务活我都能干，种地、劈柴、做饭、纺织……"

"我们这艘船要到一个很远很远的海岛上去，你愿意和我们一起去吗？"

"愿意！"黄道婆丝毫没有犹豫地答道。

这时，一个年轻的船工说："那个海岛景色优美，一年四季都很暖和，你不用再愁没棉衣穿了。而且那里还有各种水果，像椰子、香蕉……你肯定听都没听说过。"

"我到那里能找到活儿干吗？"黄道婆急切地问道。

"那里的百姓也是靠种棉花为生，跟松江差不多。你去了可以种棉花，纺纱做衣服。而且当地人的纺织技术很好，

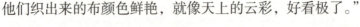

他们织出来的布颜色鲜艳，就像天上的云彩，好看极了。"

"那真是太好了！"黄道婆听了十分欣喜，她激动地说："很小的时候，我就跟随家人学会了纺棉花织布，我织的棉线布厚实柔软、经久耐用，干活的人穿用相当合适。"

"那个海岛上的人说的话、穿的衣服和咱们松江的都不一样，但是他们对待外人非常友好。"另一个船工说道。

后来，船工们休息时还给黄道婆讲了很多关于这个海岛的情况，并且教会她一些简单的黎族语言。经过几天几夜的颠簸航行，黄道婆终于来到了那个海岛的南端——崖州。

当时，崖州的居民大多是黎族人，他们的语言和生活习惯都与其他地方不同，但是他们十分热情好客。黄道婆登上海岛后，感觉自己就像一只自由飞翔的海鸟，终于摆脱了束缚。她对周围的一切都感到很新奇，在街上转来转去，打量着当地人，观察着新鲜的东西。她对未来充满了希望，她要在这里用自己的双手，创造属于自己的新生活。

不一会儿，天就黑了，天空突然下起了雨。黄道婆无处可去，只得躲在一户人家的屋檐下避雨。

这时，一位黎族老大娘从屋里走出来，发现了黄道婆。大娘什么都没说，赶紧拉着黄道婆进屋，然后关切地问道："外面下着这么大的雨，你怎么一个人站在外面？你看你浑身上下都被淋湿了，我这里还有几件衣服，你赶紧换上，再喝几口酒暖暖身子，千万别生病了。"

"谢谢！您真是个大好人！"黄道婆被大娘的热情深深感动。她一边落泪，一边换上黎族的筒裙，还喝了几口海南岛特有的山兰酒。等身子渐渐暖和了以后，她向大娘诉说了自己的悲惨经历。她告诉大娘自己的家乡远在松江府乌泥泾，因为受不了婆家人的打骂，自己一个人就逃了出来。

老大娘听完黄道婆的遭遇后非常同情她，关心地说道："原来你的身世这么可怜。现在你孤苦无依，我也是孤身一人。不如这样，你就留在这里，做我的女儿吧！"

"娘！"黄道婆深情地喊了一声。她上前抱住老大娘的双腿，激动得说不出话来。

就这样，黄道婆终于找到安身立命之所，也收获了从小就失去的母爱。老大娘像亲生母亲一样照顾她，村里的黎族乡民也都对她十分友好。

拜师学艺

黄道婆从小就勤劳能干，善于学习。她出生时，乌泥泾地区就已经开始广泛种植棉花了。那时，松江地区的妇

【西汉】淳于缇萦　【东汉】蔡文姬　【南宋】李清照
【西晋】荀灌娘　【南宋】梁红玉
【西汉】冯嫽　【唐朝】武则天　【宋末元初】黄道婆
【东汉】班昭

女老少都懂得棉花纺织技术。黄道婆做了童养媳后，自然也学会了纺织技术，不过并不算是纺织高手。那时她弹棉絮，弹得不透不净；卷棉条，卷得松紧不匀；纺棉纱，纺得粗一段、细一段。

到达崖州后，黄道婆发现当地人的纺织技术十分先进，既省时又省力，于是经常向他们请教。村里的黎族乡民对她也十分友好，不仅教会了她黎族语言，还毫无保留地教她纺织技术，以及如何使用踏车、椎弓等先进的纺织工具。

为了早日掌握黎族的纺织技术，黄道婆虚心求教，刻苦学习。她每天清晨都要和黎族百姓一起去田里种棉、摘棉，晚上回来不仅要轧棉、纺纱、织布，还要挤出时间研究黎族的纺织工具，学习棉纺技术。

虽然学习的过程十分辛苦，黄道婆的黑发也熬出了白头，但是她毫不气馁，坚持练习，把所有的精力都放在学习纺织技艺上，几乎每天晚上都会累倒在纺织机旁入睡。

有一次，黄道婆因为劳累病倒了，许多村民都来探望她。他们心疼地说道："你现在不愁吃、不愁穿，为什么每天还要起早贪黑地去干活，非得把自己累倒呢？"

"是呀！你每天织布都织到后半夜，而且为了向别人请教织布技术，还徒步行走十几里路，连饭都顾不上吃。"

黄道婆笑了笑。她一面感谢大家的关心，一面解释说：

[西汉] 淳于缇萦

[西汉] 冯嫽　[东汉] 班昭

[东汉] 蔡文姬　[西晋] 荀灌娘　[唐朝] 武则天

[南宋] 李清照　[南宋] 梁红玉　[宋末元初] 黄道婆

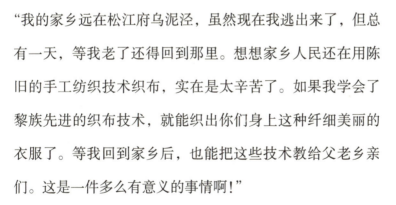

"我的家乡远在松江府乌泥泾，虽然现在我逃出来了，但总有一天，等我老了还得回到那里。想想家乡人民还在用陈旧的手工纺织技术织布，实在是太辛苦了。如果我学会了黎族先进的织布技术，就能织出你们身上这种纤细美丽的衣服了。等我回到家乡后，也能把这些技术教给父老乡亲们。这是一件多么有意义的事情啊！"

村民们这才明白，原来黄道婆每天那么辛苦地学习纺织技术，是想着有一天为自己的家乡作出贡献。大家对她更加敬佩了，也都十分乐意向她传授新的技术。

经过几年的刻苦学习，黄道婆终于成了一位纺织能手。

她织出的"崖州被"颜色艳丽，上面布满奇珍异草和飞禽走兽的图饰，让人看了爱不释手。

黄道婆心灵手巧，好学好问，肯动脑筋，善于探究，很快就掌握了黎族纺织技术的基本工序，学会了运用黎族的纺织工具，她内心高兴得仿佛开了花、吃了蜜。

黄道婆终于成了一位技艺精湛的纺织家，纺织过程中的每一道工序，她都十分熟练：剥棉籽，敏捷利索；弹棉絮，蓬松干净；卷棉条，松紧适用；纺棉纱，又细又匀；织棉布，纹均边直。

在纺织劳作的过程中，黄道婆不顾生活的艰辛，尽情地享受着棉纺给她带来的"丝丝"安慰。

返乡传艺

1295年春，一天，黄道婆正在田里种棉花，忽然身边有个黎族姐妹对她说："黄道婆，你看，天上那一排鸟儿飞得多整齐呀！"黄道婆抬头一看，发现那是一群大雁正结伴北归。她的脑海中瞬间闪现出自己的家乡。时光飞逝，如今，黄道婆已经五十多岁了，在崖州也生活了三十年。黄道婆心想："树高千丈，叶落归根。如今我老了，是时候回家乡去，把自己学到的织棉本领传授给乡亲们了。"

不久，黄道婆含着泪告别善良友好的黎族乡民，带着先进的踏车、椎弓等纺织工具，登上了回家的海船。

回到家乡后，黄道婆不顾年高体弱，马上投身到棉纺技术的传授、改良和创新活动中。她的新技术受到乡亲们的热烈欢迎，黄道婆更是不辞辛苦，日夜东奔西走，为乡亲们讲授黎族的纺织技术。同时，黄道婆还将黎族的先进经验与松江地区的生产实践紧密结合起来，努力改良新技术，创造新发明。她对纺织工具与技术进行全面改革，制造出新式的擀、弹、纺、织等工具。

黄道婆还改革了擀籽工序。她听说家乡的妇女还在用手剥棉籽，于是教会大家新的擀籽法。她让大家每人拿着一根光滑的小铁棍，把籽棉放在平整的捶石上，用铁棍擀挤棉籽。这样，剥棉籽效率高多了。几个妇女试验以后，高兴地嚷着："一下子可以擀出七八个籽呀，再也不用手指头挨个剥了！"

后来，黄道婆认为擀籽法还是比较费力，便努力寻求新办法。忽然，她想到黎族的脚踏车，心里豁然一亮，决定造一台轧棉机。她省吃俭用，省下钱来买材料，没日没夜地反复试验。功夫不负有心人，黄道婆终于把黎族的踏车改制成轧棉机，大大提高了轧棉花和去棉籽的速度。之后，黄道婆还把弹棉花的小竹弓改成绳弦大弓，提高了弹棉花的效率。另外，她发明的脚踏纺车，是当时世界上最先进的纺织工具。

黄道婆回到松江短短几年之后，当地的纺织业得到蓬勃发展。松江、太仓和苏杭等地也获得"松郡棉布，衣被天下"的美誉。黄道婆去世后，人们出资把她安葬在家乡，并为她建了许多祠庙。直到今天，人们感念黄道婆的歌谣还一直在民间传颂：黄婆婆，黄婆婆，教我纱，教我布，两只筒子两匹布。

不断创新

黄道婆回到乌泥泾的时候，当地的棉花种植非常普遍，这为她后来发明新式的纺织工具提供了客观条件。同时，在她的发明之路上，也离不开当地百姓的大力支持，其中就包括她的老邻居三阿婆和三阿公。

一开始，黄道婆想要革新纺织工具，却苦于没有资金支持。这时，她的邻居老木工三阿公听说了这件事，决定把多年来当木工赚到的钱交给黄道婆，支持她的发明事业。

有了老木工的大力支持，黄道婆很快开始改良轧棉籽这道工序。她和老木工一起磋商后，又借鉴海南岛的轧棉籽方法，最终绘制出新的轧棉机草图。

老木工看了草图，十分佩服地说道："一个不识字的孤女，在外漂泊几十年，竟然画出了如此精细的图纸。真可谓我们木工师傅的榜样啊！"

黄道婆听了，连忙谦虚地摇摇手说："我不过是班门弄斧罢了。只是想尽快做好这轧棉籽机，好解决乡亲们的燃眉之急。"

接下来，黄道婆和老木工齐心协力，不断改装、调试，终于做好一台木制手摇轧棉籽机器。这种机器只需两个人用手摇，一个人下棉籽，大大提高了工作效率，而且棉籽剥得也特别干净，真是又省时又省力。

后来，附近的乡民们都开始使用黄道婆发明的新式轧棉籽机。他们每天能弹十多斤棉花，收入也比从前多了许多。

然而，黄道婆并没有因此而自满。她一面继续改进轧棉籽机，一面找来弹棉花的师父，计划着革新弹棉花的工具。经过反复实验和改进，黄道婆将弹棉化的小竹弓改成了一个四尺多长的木制绳弦大弓，大大提升了弹棉花的效率。

邻居们得知黄道婆又制造出新的弹棉花工具，不禁赞叹道："黄道婆，你的本领真高啊！"

从此以后，黄道婆又把海南人民的纺织技艺加以改良，织出"错纱""配色""提花"等五光十色的棉布，并且很快传遍了松江府一带。

主要成就及影响

黄道婆是我国十三世纪杰出的纺织技术革新家，她身世凄惨，却没有自暴自弃，反而不辞辛劳，不畏艰辛，苦心钻研，勇于创新，不仅掌握了黎族人民先进的棉纺织技术，并将其带回家乡，在松江地区广泛传播，还总结经验，将原有纺织技艺加以改良，造福了一方百姓，极大地推动了我国古代棉纺织业的发展。

黄道婆塑造了中华民族发明者的形象典范，她的创新精神，至今仍值得我们学习和传颂。

╱知识链接

黎　锦

我国黎族民间的一种纺织品，一般以棉线为主，麻线、丝线和金银线为辅，交织而成。黎锦制作精巧，图案丰富，色彩鲜艳，极具浪漫色彩，多用于妇女筒裙、摇兜等生活用品，是黎族文化的载体，也是中国纺织艺术中的一朵奇葩。

黎族织锦技艺历史悠久，至今已有三千年左右的历史。

战国时期，黎族先民就已经掌握了棉纺技艺；西汉时期，珠崖郡（今海南省海口市琼山区）已有精美的"广幅布"被征作岁贡珍品；三国时期，黎族先民已经会用吉贝（一种落叶乔木）制作"五色班布"；宋代黎族纺织技艺已达到很高的水平；元代，黎族纺织工艺品销往全国，以其优良的质量，备受青睐；清代，黎锦成了国内外贸易的珍品。

黎锦的制作一般要经过纺纱、染色、织布、刺绣四大工序。

纺纱： 即把棉花脱籽、抽纱，然后把纱绕成锭。

染色： 以扎染为主，古代称为"绞缬"。织物经过结扎、入染、晒干、折线等步骤，最后形成色彩斑斓的花布。所用染料以植物染料为主，天然矿物颜料为辅。

织布： 织机主要分为脚踏织机和踞腰织机两种，黎族妇女用踞腰织机可以织出十分精美且华丽的复杂图案，其提花工艺令现代大型提花设备都望尘莫及。

刺绣：黎族刺绣分为单面绣和双面绣，以双面绣最为著名，具有构图、造型精巧的特点。

2006年，黎族传统纺染织绣技艺入选第一批国家级非物质文化遗产保护名录。2009年，黎族传统纺染织绣技艺被列入联合国教科文组织非物质文化遗产名录。